古代文化常识

王　力○主编

中华书局

图书在版编目（CIP）数据

古代文化常识/王力主编. —北京:中华书局,2021.1
(2025.7 重印)
ISBN 978-7-101-14863-3

Ⅰ.古… Ⅱ.王… Ⅲ.中华文化-文化史-古代 Ⅳ.K220.3

中国版本图书馆 CIP 数据核字(2020)第 206456 号

书　　名　古代文化常识
主　　编　王　力
责任编辑　李若彬
封面设计　刘　丽
责任印制　陈丽娜
出版发行　中华书局
　　　　　（北京市丰台区太平桥西里 38 号　100073）
　　　　　http://www.zhbc.com.cn
　　　　　E-mail:zhbc@zhbc.com.cn
印　　刷　中煤（北京）印务有限公司
版　　次　2021 年 1 月第 1 版
　　　　　2025 年 7 月第 14 次印刷
规　　格　开本/880×1230 毫米　1/32
　　　　　印张 7⅞　插页 2　字数 130 千字
印　　数　128001-134000 册
国际书号　ISBN 978-7-101-14863-3
定　　价　32.00 元

目　录

第一章　天文

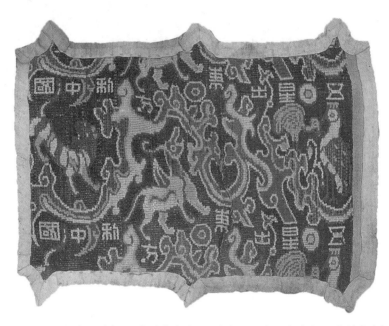

汉代"五星出东方利中国"锦质护膊（1995年新疆民丰尼雅遗址1号墓地出土）

在上古时代，人们把自然看得很神秘，认为整个宇宙有一个至高无上的主宰，就是帝或上帝。在上古文献里，天和帝常常成为同义词。古人又认为各种自然现象都

河南濮阳西水坡45号墓出土的蚌塑，有学者称为"龙虎北斗图"

有它的主持者，人们把它们人格化了，并赋予一定的名字。例如风师谓之飞廉，雨师谓之苹翳（苹，读píng；翳，读yì），云师谓之丰隆，日御谓之羲（xī）和，月御谓之望舒（这里是举例性质，见《广雅·释天》），等等，就是这种观念的反映。这些带有神话色彩的名字，为古代作家所沿用，成了古典诗歌辞赋中的辞藻，这是一方面。另一方面，我国是世界上最早进入农耕生活的国家之一，农业生产要求有准确的农事季节，所以古人观测天象非常精勤，这就促进了古代天文知识的发展。根据现有可信的史料来看，殷商时代的甲骨刻辞早就有了某些星名和日食、月食的记载，《尚书》《诗经》《春秋》《左传》《国语》《尔雅》等书有许多关于星宿的叙述和丰富的天象记录。《史记》有《天官书》，《汉书》有《天文志》，我们可以说远在汉代，我国的天文知识就已经相当丰富了。

古人的天文知识也相当普及。明末清初的学者顾炎武说：

> 三代以上，人人皆知天文。"七月流火"，农夫之辞也。"三星在户"，妇人之语也。"月离于毕"，戍卒之作也。"龙尾伏辰"，儿童之谣也。后世文人学士，有问之而茫然不知者矣（见《日知录》卷三十"天文"条。"七月流火"见《诗经·豳〔bīn〕风·七月》，"三星在户"见《诗经·唐风·绸缪〔móu〕》，"月离于毕"见《诗经·小雅·渐渐之石》，"龙尾伏辰"见《左传·僖公五年》）。

我们现在学习古代汉语当然不是系统学习我国古代的天文学，但是了解古书中一些常见的天文基本概念，对于提高阅读古书能力无疑是有帮助的。现在就七政、二十八宿、四象、三垣、十二次、分野等分别加以叙述。

七政

古人把日、月和金、木、水、火、土五星合起来称为七政或七曜(yào)。金、木、水、火、土五星，是古人实际观测到的五个行星，它们又合起来称为五纬。

金星古曰明星，又名太白。因为它光色银白，亮度特强。《诗经》"子兴视夜，明星有烂"（见《诗经·郑风·女曰鸡鸣》），"昏以为期，明星煌煌"（见《诗经·陈风·东门之杨》），都是指金星说的。金星黎明见于东方叫启明，黄昏见于西方叫长庚，所以《诗经》说"东有启明，西有长庚"（见《诗经·小雅·大东》）。

木星古名岁星，简称为岁。古人认为岁星十二年绕天一周，每年行经一个特定的星空区域，并据以纪年（下文谈到十二次和纪年法时，还要回到这一点上来）。

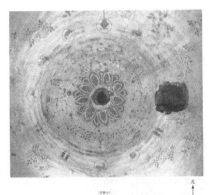

1974年河北遵化辽代张世卿墓出土的黄道十二官彩绘星图（莲花外绘有唐代的九曜［日、月、火、水、木、金、土、罗睺和计都］及二十八宿）

水星一名辰星，火星古名荧惑，土星古名镇星或填星。值得注意的是，先秦古籍中谈到天象时所说的水，并不是指行星中的水星，而是指恒星中的定星（营室，即室宿，主要是飞马座的α、β两星），《左传·庄公二十九年》"水昏正而栽"，就是一个例子。所说的火也并不是指行星中的火星，而是指恒星中的大火（即心宿，特指心宿二，即天蝎座的α星。《史记·天官

1978年湖北随州战国曾侯乙墓出土的木胎髹红漆彩绘二十八宿衣箱（盖面正中朱书一大"斗"字，环绕斗字按顺时针方向排列二十八宿名称，盖顶两端分别绘青龙、白虎。两端面，一面绘蟾蜍、星点纹，另一面绘大蘑菇云纹、星点纹。两侧面，一面绘两兽对峙、卷云纹、星点纹，另一面无花纹）

1978年湖北随州战国曾侯乙墓出土的二十八宿衣箱展开图

书》所说的火，才是指火星〔荧惑〕），《诗经》"七月流火"，就是一个例子。

古人观测日、月、五星的运行，是以恒星为背景的。这是因为古人觉得恒星相互间的位置恒久不变，可以利用它们做标志来说明日、月、五星运行所到的位置。经过长期的观测，古人先后选择了黄道赤道附近的二十八个星宿作为"坐标"，称为二十八宿。黄道是古人想象的太阳周年运行的轨道。地球沿着自己的轨道围绕太阳公转，从地球轨道不同的位置上看太阳，则太阳在天球上的投影的位置也不相同。这种视位置的移动叫做太阳的视运动，太阳周年视运动的轨迹就是黄道。这里所说的赤道，不是指地球赤道，而是天球赤道，即地球赤道在天球上的投影。

四象二十八宿

星宿这个概念不是指一颗一颗的星星，而是表示邻近的若干个星的集合。古人把比较靠近的若干个星，假想地联系起来，给以一个特殊的名称，如毕、参、箕、斗等等，后世又名星官。二十八宿指的是：

东方苍龙七宿：角、亢、氐（dī）、房、心、尾、箕

北方玄武七宿：斗、牛、女、虚、危、室、壁

西方白虎七宿：奎、娄、胃、昴（mǎo）、毕、觜（zī）、参

（shēn）

南方朱雀七宿：井、鬼、柳、星、张、翼、轸（zhěn）

东方苍龙、北方玄武（龟蛇）、西方白虎、南方朱雀，这是古人把每一方的七宿联系起来想象成的四种动物形象，叫做四象。

以东方苍龙为例，从角宿到箕宿看成为一条龙，角像龙角，氐、房像龙身，尾宿即龙尾。再以南方朱雀为例，从井宿到轸宿看成为一只鸟，柳为鸟嘴，星为鸟颈，张为嗉（sù），翼为羽翮（hé）。这和外国古代把某些星座想象成为某些动物的形象（如大熊、狮子、天蝎等）很相类似。

王莽新朝四神瓦当（1956年陕西西安汉长安城遗址出土）

上文说过，古人以恒星为背景来观测日、月、五星的运行，而二十八宿都是恒星。了解到这一点，那么古书上所说的"月离于毕""荧惑守心""太白食昴"这一类关于天象的话就不难懂了（《尚书·洪范》伪《孔传》："月经于箕则多风，离于毕则多雨。""荧惑守心"见《论衡·变虚篇》；"太白食昴"见邹阳《狱中上梁王书》）。"月离于毕"意思是月亮附丽于毕宿（离，丽也）；"荧惑守心"是说火星居于心宿；"太白食昴"是说金星遮蔽住昴宿，如此而已。苏轼在《前赤壁赋》里写道："少焉，月出于东山之上，徘徊于斗、牛之间。"也是用的二十八宿坐标法。

二十八宿不仅是观测日、月、五星位置的坐标，其中有些星宿还是古人测定岁时季节的观测对象。例如在上古时代，人们认为初昏时参宿在正南方就是春季正月，心宿在正南方就是夏季五月，等等。这是就当时的天象说的。《夏小正》："正月初昏参中，五月初昏大火中。"

古人对于二十八宿是很熟悉的，有些星宿由于星象特殊，引人注目，成了古典诗歌描述的对象。《诗经》"维南有箕，不可以簸扬；维北有斗，不可以挹（yì）酒浆"（见《小雅·大东》），这是指箕宿和斗宿说的。箕、斗二宿同出现于南方天空时，箕宿在南，斗宿在北。箕宿四星联系起来想象成为簸箕形，斗宿六星联系起来想象成为古代舀酒的斗形。《诗经》"三星在天""三星在隅""三星在户"，则是指参宿而言（此从《毛传》），因为参宿有耀目的三星连成一线。至于乐府诗里所说的"青龙对道隅"（见《陇西行》），道指黄道，青龙则指整个苍龙七宿了。有的星宿，伴随着动人的神话故事，成为后世作家沿用的典故。脍炙人口的牛郎织女故事不必叙述（但是织女不是指北方玄武的女宿，而是指天琴座的α星。牛郎也不是指北方玄武的牛宿，而是指天鹰座的α星。牛郎所牵的牛，才是牛宿）。二十八宿中的参、心二宿的传说，也是常被后人当作典故引用的。《左传·昭公元年》说：

> 昔高辛氏有二子，伯曰阏（yān）伯，季曰实沈，居于旷林，不相能也，日寻干戈，以相征讨。后帝不臧（zāng），迁阏伯于商丘，主辰（主祀大火），商人是因，故辰为商星（即心宿）；迁实沈于大夏（晋阳），主参（主祀参星），唐人是因……故参为晋星（即参宿）。

因此后世把兄弟不和睦，比喻为参辰或参商。又因为参宿居于西方，心宿居于东方，出没两不相见，所以后世把亲朋久别不能重逢也比喻为参辰或参商。杜甫《赠卫八处士》所说的"人生不相见，动如参与商"，就是这个意思。

随着天文知识的发展，出现了星空分区的观念。古人以上述的角、亢、氐、房、心、尾、箕等二十八个星宿为主体，把黄道赤道附近的一周天按照由西向东的方向分为二十八个不等份。在这个意义上说，二十八宿就意味着二十八个不等份的星空区域了。

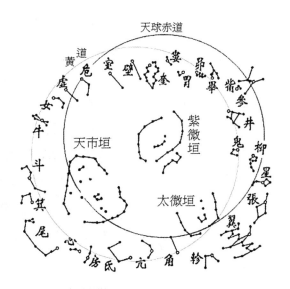

三垣与二十八宿示意图

三垣

古代对星空的分区，除二十八宿外，还有所谓三垣，即紫微垣、太微垣、天市垣。

古人在黄河流域常见的北天上空，以北极星为标准，集合周围其他各星，合为一区，名曰紫微垣。在紫微垣外，在星、张、翼、轸以北的星区是太微垣；在房、心、尾、箕、斗以北的星区是天市垣，这里不一一细说。

现在说一说北斗。北斗是由天枢、天璇、天玑、天权、玉衡、开阳、摇光七星组成的，古人把这七星联系起来想象成为古代舀酒的斗形。天枢、天璇、天玑、天权组成为斗身，古曰

北斗七星与北极星示意图

魁;玉衡、开阳、摇光组成为斗柄,古曰杓(biāo)。北斗七星属于大熊座。

古人很重视北斗,因为可以利用它来辨方向、定季节。把天璇、天枢连成直线并延长约五倍的距离,就可以找到北极星,而北极星是北方的标志。北斗星在不同的季节和夜晚不同的时间,出现于天空不同的方位,人们看起来它在围绕着北极星转动,所以古人又根据初昏时斗柄所指的方向来决定季节:斗柄指东,天下皆春;斗柄指南,天下皆夏;斗柄指西,天下皆秋;斗柄指北,天下皆冬。

十二次

现在说到十二次。

古人为了说明日、月、五星的运行和节气的变换,把黄道附近一周天按照由西向东的方向分为星纪、玄枵(xiāo)等十二个等份,叫做十二次。每次都有二十八宿中的某些星宿作为标志。例如星纪有斗、牛两宿，玄枵有女、虚、危三宿，余皆仿此。但是十二次是等分的，而二十八宿的广狭不一，所以十二次各次的起讫界限不能和宿与宿的分界一致，换句话说，有些宿是跨属于相邻的两个次的。下表就说明了这种情况（此表是根据《汉书·律历志》作的，各次的名称、写法和顺序都根据《汉书·律历志》）：

十二次	二十八宿
1.星纪	斗牛女
2.玄枵	女虚危
3.诹訾（zōu zī）	危室壁奎
4.降娄	奎娄胃
5.大梁	胃昴毕
6.实沈	毕觜参井
7.鹑（chún）首	井鬼柳
8.鹑火	柳星张
9.鹑尾	张翼轸
10.寿星	轸角亢氐
11.大火	氐房心尾
12.析木	尾箕斗

（加有着重点的字是各次的主要星宿，这是参照《淮南子·天文训》）

外国古代把黄道南北各八度以内的空间叫做黄道带，认为这是日、月和行星运行所经过的处所。他们也按照由西向东的方向把黄道带分为白羊、金牛等十二个等份，叫做黄道十二宫。其用意和我国古代的十二次相同，但起讫界限稍有差异。对照起来，大致如下表所示：

十二次	黄道十二宫
星纪	摩羯宫
玄枵	宝瓶宫
诹訾	双鱼宫
降娄	白羊宫
大梁	金牛宫
实沈	双子宫
鹑首	巨蟹宫
鹑火	狮子宫
鹑尾	室女宫
寿星	天秤宫
大火	天蝎宫
析木	人马宫

我国古代创立的十二次主要有两种用途：第一，用来指示一年四季太阳所在的位置，以说明节气的变换。例如说太阳在星纪中交冬至，在玄枵中交大寒，等等。第二，用来说明岁星每年运行所到的位置，并据以纪年。例如说某年"岁在星纪"，次年"岁在玄枵"，等等。这两点，后面谈到历法时还要讨论。

有一件事值得提一提，上述十二次的名称大都和各自所属的星宿有关。例如大火，这里是次名，但在古代同时又是所属心宿的名称。又如鹑首、鹑火、鹑尾，其所以名鹑，显然和南方朱雀的星象有关，南方朱雀七宿正分属于这三次。《左传·僖公五年》"鹑火中"，孔疏说"鹑火之次正中于南方"；又说"鹑火星者谓柳、星、张也"，可以为证。

新疆吐鲁番出土的唐代的星占图残片（图中残存二十八宿中的参、角、亢、房、心、尾七星宿以及黄道十二宫中双女、天平、天蝎三个宫。是现存最早的黄道十二宫图像）

分野

下面谈谈分野。

《史记·天官书》说"天则有列宿，

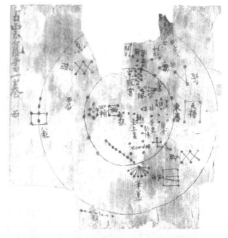

敦煌莫高窟出土卷子中的紫微星垣图（局部。虽然《史记》中已经有了与三垣相当的星官名称，但文献中正式记载三垣，我们只能追溯到唐代成书的《开元占经》和《天象诗》中）

地则有州域"，可见古人是把天上的星宿和地上的州域联系起来看的。在春秋战国时代，人们根据地上的区域来划分天上的星宿，把天上的星宿分别指配于地上的州国，使它们互相对应，说某星是某国的分星，某某星宿是某某州国的分野；也有反过来说某地是某某星宿的分野的。例如《汉书·地理志》："齐地，虚、危之分野也。"这种看法，便是所谓分野的观念。

星宿的分野，一般按列国来分配。如根据《淮南子·天文训》作的表甲；后来又按各州来分配。如根据《史记·天官书》作的表乙：

表甲	
宿	国
角亢	郑
氐房心	宋
尾箕	燕
斗牛	越
女	吴
虚危	齐
室壁	卫
奎娄	鲁
胃昴毕	魏
觜参	赵

表乙	
宿	州
角亢氐	兖州
房心	豫州
尾箕	幽州
斗	江、湖
牛女	扬州
虚危	青州
室壁	并州
奎娄胃	徐州
昴毕	冀州
觜参	益州

表甲	
宿	国
井鬼	秦
柳星张	周
翼轸	楚

表乙	
宿	州
井鬼	雍州
柳星张	三河
翼轸	荆州

星宿的分野也有以十二次为纲，配以列国的，如根据《周礼·保章氏》郑玄注作的表丙：

表丙					
次	国	次	国	次	国
1.星纪	吴越	5.大梁	赵	9.鹑尾	楚
2.玄枵	齐	6.实沈	晋	10.寿星	郑
3.诹訾	卫	7.鹑首	秦	11.大火	宋
4.降娄	鲁	8.鹑火	周	12.析木	燕

古人所以建立星宿的分野，主要是为了观察所谓"机（jī）祥"的天象，以占卜地上所配州国的吉凶。例如《论衡·变虚篇》讲到荧惑守心的时候说："荧惑，天罚也；心，宋分野也。祸当君。"显而易见，这是一种迷信。但是古人对于星宿分野的具体分配，既然有了一种传统的了解，那么古典作家作品在写到某个地区时，连带写到和这个地区相配的星宿，就完全可以理解了。庾（yǔ）信《哀江南赋》说"以鹑首而赐秦，天

天文 17

何为而此醉"，王勃《滕王阁序》说"星分翼轸"，李白《蜀道难》说"扪（mén）参历井"，就是在分野的意义上提到这些星宿的。

最后应该指出的是，古人的天文知识虽然已经相当丰富，但是由于科学水平和历史条件的限制，古代的天文学在很大程度上是和宗教迷信的占星术相联系的。古人对于某些异乎寻常的天象，还不能作出科学的解释，于是在崇敬天帝的思想基础上，把天象的变化和人间的祸福联系起来，认为天象的变化预示着人事的吉凶。例如日食，被认为对最高统治者不利，所以《左传·昭公十七年》说："日有食之，天子不举（不杀牲盛馔〔zhuàn〕），伐鼓于社。"《礼记·昏义》也说："日蚀则天子素服而修六官之职。"这是把日食看成是上天对最高统治者的警告。又如彗星（一名孛〔bèi〕星，欃〔chán〕枪）的出现，被认为是兵灾的凶象，所以史书上常有记载。甚至行星运行的情况，也被认为是吉凶的预兆。例如岁星正常运行到某某星宿，则地上与之相配的州国就五谷昌盛；而荧惑运行到这一星宿，

1973年湖南长沙马王堆汉墓出土的帛书天文气象杂占中的彗星图

这个国家就要发生种种祸殃，等等。占星家还认为某某星主水旱，某某星主饥馑，某某星主疾疫，某某星主盗贼，注意它们的隐现出没和光色的变化而加以占验。这些就不一一叙述了。

占星无疑是迷信，全世界所有的占星术都曾被统治阶层利用，作为欺人与自欺的工具。我们阅读古书，对此应该有所了解。

第二章　历法

2001年四川成都金沙遗址出土的商周时期"太阳神鸟"金饰（正中是按顺时针旋转的太阳，共放射出十二道光芒，象征十二个月。周围按逆时针飞翔有四只鸟，象征一年的春、夏、秋、冬四季，也象征东、西、南、北四个方向。鸟的足为三足，即所谓的"三足鸟"）

日、月、年、置闰

古人经常观察到的天象是太阳的出没和月亮的盈亏，所以以昼夜交替的周期为一"日"，以月相变化的周期为一"月"（现代叫做朔〔shuò〕望月）。至于"年"的概念，最初大约是由于庄稼成熟的物候而形成的，《说文》说："年，熟谷也。"如果说禾谷成熟的周期意味着寒来暑往的周期，那就是地球绕太阳一周的时间，现代叫做太阳年。以朔望月为单位的历法是阴历，以太阳年为单位的历法是阳历。我国古代的历法不是纯阴历，而是阴阳合历。平年十二个月，有六个大月各三十天，六个小月各二十九天（这是因为月相变化的周期在二十九到三十天之间，现代测得是29.53日），全年总共354天。但是这个日数少于一个太阳年。《尚书·尧典》说："期三百有六旬有六日"，实际上四季循环的周期约为$365\frac{1}{4}$日，比十二个朔望月的日数约多$11\frac{1}{4}$日，积三年就相差一个月

位于河南登封告成镇的周公测景台

以上的时间，所以三年就要闰一个月，使历年的平均长度大约等于一个太阳年，并和自然季节大致调和配合。《尧典》说"以闰月定四时成岁"，就是这个意思。但要注意《尧典》这里说"岁"，不说"年"，这是用"岁"表示从今年某一节气（例如冬至）到明年同一节气之间的这一段时间，使之和"年"有分工，"年"表示从今年正月初一到明年正月初一之间的这一段时间。所以《周礼·春官宗伯·大史》说"正岁、年以序事"，岁、年并举。

古人很重视置闰。《左传·文公六年》说："闰以正时，时以作事，事以厚生，生民之道于是乎在矣。"三年一闰还不够，五年要闰两次，所以《说文》说"五年再闰"。五年闰两次又多了些，后来规定十九年共闰七个月。从现有文献看，殷周时代已经置闰，闰月一般放在年终，称为"十三月"。当时置闰尚无定制，有时一年再闰，所以会有"十四月"。春秋时代就没有一年再闰的情况了。汉初在九月之后置闰，称为"后九月"，这是因为当时沿袭秦制，以十月为岁首，以九月为年终的缘故。有关这一点，下文还要谈到。上古也有年中置闰，如闰三月、闰六月之类。当闰而不闰叫做"失闰"。如何适当安插闰月，这是古代历法工作中的重要课题，这里没有必要叙述。

二十四节气

一年分为春、夏、秋、冬四时（季），后来又按夏历正月、二月、三月等十二个月依次分为孟春、仲春、季春，孟夏、仲夏、季夏，孟秋、仲秋、季秋，孟冬、仲冬、季冬。这些名称，古人常用作相应的月份的代称。《楚辞·哀郢（yǐng）》"民离散而相失兮，方仲春而东迁"，就是指夏历二月说的。但是在商代和西周前期，一年只分为春、秋二时，所以后来称春秋就意味着一年。《庄子·逍遥游》："蟪（huì）蛄（gū）不知春秋。"意思是蟪蛄生命短促不到一年。此外史官所记的史料在上古也称为春秋，这是因为"史之所记必表年以首事"（见杜预《春秋序》）。旧说春秋犹言四时（《诗经·鲁颂·閟〔bì〕宫》郑玄笺），错举春秋以包春、夏、秋、冬四时（杜预《春秋序》、孔颖达《正义》），似难置信。后来历法日趋详密，由春、秋二时再分出冬、夏二时，所以有些古书所列的四时顺序不是"春、夏、秋、冬"，而是"春、秋、冬、夏"，这是值得注意的。例如《墨子·天志中》"制为四时春、秋、冬、夏，以纪纲之"，《管子·幼官图》"修春、秋、冬、夏之常祭"，《礼记·孔子闲居》"天有四时，春、秋、冬、夏"，等等。

除了日、月、季、年之外，还有更大的时间单位，这就是章、蔀（bù）、纪、元。十九年为一章，四章为一蔀（76年），二十蔀为一纪（1520年），三纪为一元（4560年）。

古人在长期的生产实践中逐步认识到季节更替和气候变化的规律，把周岁365日$\frac{1}{4}$平分为立春、雨水、惊蛰、春分、清明、谷雨等二十四个节气，其中每个节气占15.22日弱。后代根据太阳移动的速度，有的节气占14日多（冬至前后），有的节

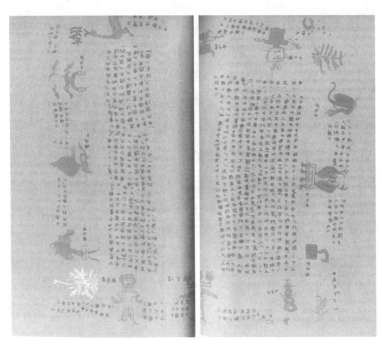

1942年湖南长沙子弹库出土帛书十二月令图（图中东、西、南、北四个方位依次写有春、夏、秋、冬十二个月的月名和月令）

气占16日多（夏至前后）。二十四节气用以反映四季、气温、降雨、物候等方面的变化，这是我国古代劳动人民掌握农事季节的经验总结，对农业生产的发展贡献很大。二十四节气系统是我国旧历特有的重要组成部分，其名称和顺序是：

正月	立春　雨水	二月	惊蛰　春分	三月	清明　谷雨
四月	立夏　小满	五月	芒种　夏至	六月	小暑　大暑
七月	立秋　处暑	八月	白露　秋分	九月	寒露　霜降
十月	立冬　小雪	十一月	大雪　冬至	十二月	小寒　大寒

这是依照后代的顺序；名称和《淮南子·天文训》相同。惊蛰古名启蛰，汉代避景帝讳改名惊蛰。又，二十四节气和阴历月份的搭配，不是绝对固定年年一致的。因为节气跟太阳走，和朔望月没有关系，这里所列的是综合一般的情况。

古人最初把二十四节气细分为节气和中气两种。例如立春是正月节，雨水是正月中；惊蛰是二月节，春分是二月中，节气和中气相间，其余由此顺推（由于一个节气加一个中气差不多是三十天半，大于一个朔望月，所以每月的节气和中气总要比上月推迟一两天，推迟到某月只有节气没有中气，后来就以这个月份置闰，所以古人说"闰月无中气"。阳历每月都有节气和中气，上半年每月六日和二十一日左右是交节日期，下半年每月八日和二十三日左右是交节日期）。

二十四节气是根据太阳在黄道上不同的视位置定的。前面讲天文时说过，古人把黄道附近一周天平分为星纪、玄枵（xiāo）等十二次，太阳运行到某次就交某某节气（实际上二十四个节气是表示地球在围绕太阳公转的轨道上的二十四个不同的位置）。试以《汉书·律历志》所载的二千多年前的天象为例。太阳运行到星纪初点交大雪，运行到星纪中央交冬至，运行到玄枵初点交小寒，运行到玄枵中央交大寒，等等。下表就说明了这种情况：

太阳视位置（日躔星次）	星纪		玄枵		诹訾		降娄		大梁		实沈	
	初中		初中		初中		初中		初中		初中	
节气	大雪	冬至	小寒	大寒	立春	惊蛰	雨水	春分	谷雨	清明	立夏	小满
太阳视位置（日躔星次）	鹑首		鹑火		鹑尾		寿星		大火		析木	
	初中		初中		初中		初中		初中		初中	
节气	芒种	夏至	小暑	大暑	立秋	处暑	白露	秋分	寒露	霜降	立冬	小雪

（注：太阳运行叫做躔〔chán〕）

这表是根据《汉书·律历志》的顺序排的，惊蛰在雨水之前，清明在谷雨之后，和后代不同。《汉书·律历志》并指出交某节气时，太阳所在的星宿及其度数。如冬至日在牵牛初度，即摩羯座β星附近。现代天象和古代不同，现在的冬至点在人马座（相当于古代的析木）。

西汉元始五年（5）壁书《四时月令诏条》（甘肃敦煌悬泉置遗址出土）

二十四节气系统是逐步完备起来的。古人很早就掌握了二分二至这四个最重要的节气：《尚书·尧典》把春分叫做日中，秋分叫做宵中；《吕氏春秋》统名之曰日夜分，因为这两天昼夜长短相等。《尧典》把夏至叫做日永，冬至叫做日短，因为夏至白天最长，冬至白天最短，所以《吕氏春秋》分别叫做日长至、日短至（《孟子》统名之曰日至。《孟子·告子上》"今夫麰〔móu〕麦，播种而耰〔yōu〕之，其地同，树之时又同，浡〔bó〕然而生，至于日至之时皆熟矣"，这指夏至而言；《孟子·离娄下》"天之高也，星辰之远也，苟求其故，千岁之日至可坐而致也"，旧说指冬至而言。《左传》又称冬至为日南至）。《左传·僖公五年》说"凡分、至、启、闭必书云物"，分指春分、秋分，至指夏至、冬至，启指立春、立夏，闭指立秋、立冬（据杜预注）。《吕氏春秋》则明确提到立春、立夏、立秋、立冬四个节气。到《淮南子》，我们就见到和后世完全相同的二十四节气的名称了。

干支纪年

我们阅读古书，有必要了解古人记录时间的法则，下面就古代的纪日法（包括一天之内的纪时法）、纪月法和纪年法分别加以叙述。

古人用干支纪日，例如《左传·隐公元年》"五月辛丑，大叔出奔共"。干是天干，即甲、乙、丙、丁、戊、己、庚、辛、壬、

甲骨文干支表（商代文丁至帝辛时期，约公元前11世纪）

癸；支是地支，即子、丑、寅、卯、辰、巳、午、未、申、酉、戌、亥。十干和十二支依次组合为六十单位，称为六十甲子：

甲子	甲戌	甲申	甲午	甲辰	甲寅
乙丑	乙亥	乙酉	乙未	乙巳	乙卯
丙寅	丙子	丙戌	丙申	丙午	丙辰
丁卯	丁丑	丁亥	丁酉	丁未	丁巳
戊辰	戊寅	戊子	戊戌	戊申	戊午
己巳	己卯	己丑	己亥	己酉	己未

庚午	庚辰	庚寅	庚子	庚戌	庚申
辛未	辛巳	辛卯	辛丑	辛亥	辛酉
壬申	壬午	壬辰	壬寅	壬子	壬戌
癸酉	癸未	癸巳	癸卯	癸丑	癸亥

（注：干支的组合是天干的单数配地支的单数，天干的双数配地支的双数，所以不可能有"甲丑""乙寅"之类）

每个单位代表一天，假设某日为甲子日，则甲子以后的日子依次顺推为乙丑、丙寅、丁卯等；甲子以前的日子依次逆推为癸亥、壬戌、辛酉等。六十甲子周而复始。这种纪日法，远在甲骨文时代就已经有了。

古人纪日有时只记天干不记地支，例如《楚辞·哀郢（yǐng）》："出国门而轸（zhěn）怀兮，甲之晁（cháo）吾以行。"这种情况在甲骨文时代也已经有了。用地支纪日比较后起，大多限于特定的日子如"子卯不乐"（《礼记·檀弓》）、"三月上巳"之类。

从一个月来说，有些日子在古代有特定的名称。每月的第一天叫做朔，最后一天叫做晦。所以《庄子》说"朝菌不知晦、朔"。初三叫做朏（fěi），大月十六、小月十五叫做望，鲍照诗"三五二八时，千里与君同"（见《玩月城西门廨中》），就是指望日的明月说的。近在望后的日子叫做既望（西周初期有一种特别的纪日法，即把一个月分为四份，类似现代的周〔星期〕，每份都有一个特定的名称，"既望"就是其中之一。这种

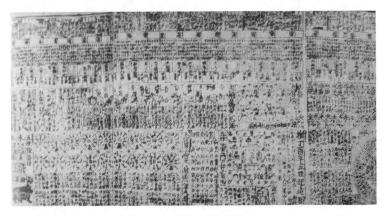

唐僖宗乾符四年（877）的具注日历（《敦煌遗书》）

纪日法后来没有使用，这里不细说），所以苏轼《前赤壁赋》说："壬戌之秋，七月既望。"朔、晦两天，一般既称干支又称朔、晦。例如《左传·僖公五年》"冬十二月丙子朔，晋灭虢（guó），虢公丑奔京师"；《左传·襄公十八年》"十月……丙寅晦，齐师夜遁"。其他日子一般就只记干支（《尚书》胐日也是既称干支又称胐。例如《毕命》"惟十有二年六月庚午胐"，这种情况在一般古书中很少见），但是人们可以根据当月朔日的干支，推知它是这个月的第几天。例如《左传·隐公元年》"五月辛丑，大叔出奔共"，根据后人推定的春秋长历可以知道，辛丑是鲁隐公元年五月二十三日。

附带说一说，根据历谱中干支的日序，甚至可以推断出古书的错误来。《春秋·襄公二十八年》说："十有二月甲寅，天王崩。乙未，楚子昭卒。"从甲寅到乙未共四十二天，不可能同在一个月之内，可见这里必有错误。

干支纪时

下面谈谈一天之内的纪时法。

古人主要根据天色把一昼夜分为若干时段。一般地说，日出时叫作旦、早、朝、晨，日入时叫作夕、暮、昏、晚（古代夕又当夜讲，通作昔。《庄子·天运》："蚊虻〔méng〕噆〔zǎn〕肤，则通昔不寐〔mèi〕矣。"《说文》"晚，暮也"），所以古书上常常见到朝夕并举、旦暮并举、晨昏并举、昏旦并举，等等。太阳正中时叫做日中，将近日中的时间叫做隅（yú）中（《左传·昭公五年》孔颖达疏："隅谓东南隅也，过隅未中，故为隅中也。"），太阳西斜叫做昃（zè）。了解到这一点，对于古书上所说的"自朝至于日中昃不遑暇食"（见《尚书·无逸》）这一类记录时间的话，就了解得更加具体了。

古人一日两餐，朝食在日出之后、隅中之前，这段时间就叫做食时或蚤食；夕食在日昃之后、日入之前，这段时间就叫做晡（bū）时（晡时也写作铺时）。日入以后是黄昏，黄昏以后是人定。《孔雀东南飞》说"晻（yǎn）晻黄昏后，寂寂人定初"，可以看成为古代这两个时段之间的确切描绘。人定以后就是夜半了。

《诗经》说："女曰鸡鸣，士曰昧旦。"（见《郑风·女曰鸡鸣》）鸡鸣和昧旦，是夜半以后先后相继的两个时段。昧旦又叫昧爽，这是天将亮的时间。此外古书上又常常提到平旦、平明，这是天亮的时间。

古人对于一昼夜有等分的时辰概念之后，用十二地支表示十二个时辰，每个时辰恰好等于现代的两小时（小时本来是小时辰的意思；因为一小时只等于半个时辰），和现代的时间对照，夜半十二点（即二十四点）是子时（所以说子夜），上午两点是丑时，四点是寅时，六点是卯时，其余由此顺推。近代又把每个时辰细分为初、正。晚上十一点（即二十三点）为子初，夜半十二点为子正；上午一点为丑初，上午两点为丑正，等等。这就等于把一昼夜分为二十四小时了。列表对照如下：

	子	丑	寅	卯	辰	巳	午	未	申	酉	戌	亥
初	23	1	3	5	7	9	11	13	15	17	19	21
正	24	2	4	6	8	10	12	14	16	18	20	22

月建

古人纪月通常以序数为记，如一月、二月、三月，等等；作为岁首的月份叫做正（zhēng）月，秦避始皇讳，改正月为端月。但是秦以十月为岁首，下文还要谈到。又《诗经·小雅·正月》"正月繁霜，我心忧伤"，这里的正月指夏历四月（《毛传》），不是作为岁首的正月。在先秦时代，每个月似乎还有特定的名称。例如正月为孟陬（zōu。《楚辞》），四月为除（《诗经》），九月为玄（《国语》），十月为阳（《诗经》），等等，这里是举例性质，参看《尔雅·释天》。

古人又有所谓"月建"的观念，就是把子、丑、寅、卯等十二支和十二个月份相配，以通常冬至所在的十一月（夏历）配子，称为建子之月。由此顺推，十二月为建丑之月，正月为建寅之月，二月为建卯之月，直到十月为建亥之月（庾〔yǔ〕信《哀江南赋序》"粤以戊辰之年，建亥之月，大盗移国，金陵瓦解"），如此周而复始（《说文》对于十二支各字的解释就是联系着月份的。前人把"建"解释为"斗建"，意思是斗柄所指，认为十二支代表北斗星斗柄所指的十二个不同的方位〔例如以子为北，午为南，卯为东，酉为西，等等〕，十一月斗柄指北，所以为建子之月，以后斗柄每月移指一个方位，十二个月周而复始，这种说法在过去很普遍。南北朝的天文学家祖冲之、清朝的天文学家梅文鼎，都指出月建和斗柄所指的方位没有关系）。至于以天干配合着地支来纪月，则是后起的事。

星岁纪年

我国古代最早的纪年法是按照王公即位的年次纪年，例如公元前770年记为周平王元年、秦襄公八年等，以元、二、三的序数递记，直到旧君出位为止。汉武帝开始用年号纪元，例如建元元年、元光三年，也是以元、二、三的序数递记，更换年号就重新纪元。这两种纪年法，是过去史家所用的传统纪年法。战国时代，天文占星家根据天象纪年，有所谓星岁纪年法，星指岁星，岁指太岁。下面分别叙述。

先说岁星纪年法。前面讲天文时说过，古人把黄道附近一周天分为十二等份，由西向东命名为星纪、玄枵（xiāo）等十二次。古人认为岁星由西向东十二年绕天一周，每年行经一个星次。假如某年岁星运行到星纪范围，这一年就记为"岁在星纪"；第二年岁星运行到玄枵范围，就记为"岁在玄枵"，其余由此类推，十二年周而复始（事实上，岁星并不是十二年绕天一周，而是11.8622年绕天一周，每年移动的范围比一个星次稍微多一点，渐积至八十六年，便多走过一个星次，这叫做"超辰"）。《左传·襄公三十年》说："於子蟜（jiǎo）之卒也，将葬，公孙挥与裨（bì）灶晨会事焉。过伯有氏，其门上生莠（yǒu）。子羽曰：'其莠犹在乎？'于是岁在降娄。"《国语·晋语四》"君之行也，岁在大火"，就是用岁星纪年的例子（有人认为《左传》《国语》里的岁星纪年出自刘歆〔xīn〕伪托，并不反映当时的实际天象）。

再说太岁纪年法。古人有所谓十二辰的概念，就是把黄道附近一周天的十二等份，由东向西配以子、丑、寅、卯等十二支，其安排的方向和顺序，正好和十二次相反。二者对照如下表：

十二次 （由西向东）	星纪	玄枵	娵訾	降娄	大梁	实沈	鹑首	鹑火	鹑尾	寿星	大火	析木
十二辰 （由东向西）	丑	子	亥	戌	酉	申	未	午	巳	辰	卯	寅

岁星由西向东进行，和人们所熟悉的十二辰的方向和顺序正

好相反，所以岁星纪年法在实际生活中应用起来并不方便。为此，古代天文占星家便设想出一个假岁星叫做太岁（《汉书·天文志》叫做太岁，《史记·天官书》叫做岁阴，《淮南子·天文训》叫做太阴），让它和真岁星"背道而驰"，这样就和十二辰的方向顺序相一致，并用它来纪年。根据《汉书·天文志》所载战国时代的天象纪录，某年岁星在星纪，太岁便在析木（寅），这一年就是"太岁在寅"；第二年岁星运行到玄枵，太岁便运行到大火（卯），这一年就是"太岁在卯"，其余由此类推，如下图所示：

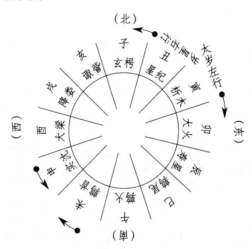

此外古人还取了摄提格、单阏（chán yān）等十二个太岁年名作为"太岁在寅""太岁在卯"等十二个年份的名称。屈原《离骚》"摄提贞于孟陬兮，惟庚寅吾以降"，一般认为这里的摄提就是作为太岁年名的摄提格，是说屈原出生于"太岁在寅"之年（但是需注意，屈原时代的"太岁在寅"是反映当时岁

星所在的相应的方位的，人们可以把《离骚》里的摄提〔格〕翻译为寅年，但不能理解为后世干支纪年法里的寅年。干支纪年法里的子、丑、寅、卯只是一套抽象的次序符号，和太岁所在、岁星所在没有关系。又朱熹《楚辞集注》说："摄提，星名；随斗柄以指十二辰者也。"这是另外一种解释）。孟陬指夏历正月建寅之月；庚寅是生日的干支。这样说来，屈原的生辰恰巧是寅年寅月寅日。

下面列表说明摄提格、单阏等十二个太岁年名和太岁所在、岁星所在的对应关系：

太岁年名	太岁所在	岁星所在
摄提格	寅（析木）	星纪（丑）
单阏	卯（大火）	玄枵（子）
执徐	辰（寿星）	诹訾（亥）
大荒落	巳（鹑尾）	降娄（戌）
敦（dūn）牂（zāng）	午（鹑火）	大梁（酉）
协洽	未（鹑首）	实沈（申）
涒（tūn）滩	申（实沈）	鹑首（未）
作噩	酉（大梁）	鹑火（午）
阉（yǎn）茂	戌（降娄）	鹑尾（巳）
大渊献	亥（诹訾）	寿星（辰）
困敦（dùn）	子（玄枵）	大火（卯）
赤奋若	丑（星纪）	析木（寅）

（注：太岁年名的写法，根据《尔雅·释天》。大荒落、协洽，《史记·天官书》作大荒骆、叶洽。作噩，《汉书·天文志》作作诺，《淮南子·天文训》《史记·历书》《天官书》作作鄂。阉茂，《史记·历书》作淹茂，《天官书》作阉茂，《汉书·天文志》作掩茂）

大概在西汉年间，历家又取了阏（yān）逢、旃（zhān）蒙等十个名称，叫做岁阳，依次和上述十二个太岁年名相配（配法和前述六十甲子相同），组合成为六十个年名，以阏逢摄提格为第一年，旃蒙单阏为第二年，其余由此类推，六十年周而复始。《史记·历书·历术甲子篇》自太初元年（前104）始，就用这些年名纪年。《尔雅·释天》载有十个岁阳和十干对应，岁阳名称也根据《尔雅·释天》。《淮南子·天文训》与此基本相同。《史记·历书》所见十个岁阳的名称和顺序是：焉逢、端蒙、游兆、彊（qiáng）梧、徒维、祝犁、商横、昭阳、横艾、尚章，和《尔雅》有出入。现列表如下：

岁阳	阏逢	旃蒙	柔兆	强圉	著雍	屠维	上章	重光	玄黓	昭阳
十干	甲	乙	丙	丁	戊	己	庚	辛	壬	癸

上文说过，十二个太岁年名和十二辰对应。为便于查阅，再作简表如下：

太岁年名	摄提格	单阏	执徐	大荒落	敦牂	协洽	涒滩	作噩	阉茂	大渊献	困敦	赤奋若
十二辰	寅	卯	辰	巳	午	未	申	酉	戌	亥	子	丑

所以如果用干支来更代，阏逢摄提格可以称为甲寅年、旃蒙单阏可以称为乙卯年，等等。这些年名创制之初，是为了反映岁星逐年所在的方位的，但是后来发现岁星并不是每年整走一个星次，用它们来纪年并不能反映逐年的实际天象，所以就废而改用六十甲子纪年了。后世有人使用这些古年名纪年，那是根据当年的干支来对照的。例如司马光《资治通鉴》卷一百七十六《陈纪十》下注曰："起阏逢执徐，尽著雍涒滩，凡五年。"是说从甲辰到戊申共五年。清初作家朱彝尊在《谒孔林赋》里写道："粤以屠维作噩之年，我来自东，至于仙源。"其实是说在己酉年。他的《曝书亭集》里的古今诗系年，也用这些年名。我们阅读古书，应该知道这种情况。

干支纪年法一般认为兴自东汉，也有人认为在汉朝初年就开始用干支纪年，到了东汉元和二年（85）才用政府命令的形式，在全国范围内实行。而六十甲子周而复始，到现在没有中断。由此可以向上逆推，知道上古某年是什么干支。一般历史年表所记的西汉以前的逐年干支，是后人逆推附加上去的，这一点应该注意。

关于纪年法我们就说到这里。

三正

最后谈谈"三正（zhēng）"的问题。

春秋战国时代有所谓夏历、殷历和周历，三者主要的区别

1897年内蒙古克托克出土汉代的日晷（平放）

日中

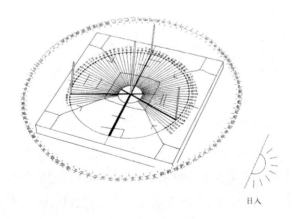

日入

汉代的日晷使用方法示意图

在于岁首的月建不同，所以又叫作三正。周历以通常冬至所在的建子之月（即夏历的十一月）为岁首，殷历以建丑之月（即夏历的十二月）为岁首，夏历以建寅之月（即后世通常所说的阴历正月）为岁首。周历比殷历早一个月，比夏历早两个月。由于三正岁首的月建不同，四季也就随之而异。下表以月建为纲，说明三正之间月份和季节的对应：

月建	子	丑	寅	卯	辰	巳	午	未	申	酉	戌	亥
周历	正月	二月	三月	四月	五月	六月	七月	八月	九月	十月	十一月	十二月
	（春）			（夏）			（秋）			（冬）		
殷历	十二月	正月	二月	三月	四月	五月	六月	七月	八月	九月	十月	十一月
	（冬）		（春）			（夏）			（秋）			（冬）
夏历	十一月	十二月	正月	二月	三月	四月	五月	六月	七月	八月	九月	十月
	（冬）			（春）			（夏）			（秋）		（冬）

夏、殷、周三正是春秋战国时代不同地区所使用的不同的历日制度，我们阅读先秦古籍，有必要了解三正的差异。因为先秦古籍所据以纪时的历日制度并不统一。举例来说，《春秋》和《孟子》多用周历（《孟子·离娄下》："岁十一月徒杠成，十二月舆梁成，民未病涉也。"阮元以为此用夏历，但是这一点学者间有争论），《楚辞》和《吕氏春秋》用夏历。《诗经》

要看具体诗篇，例如《小雅·四月》用夏历，所以原诗说"四月维夏，六月徂（cú）暑"，"秋日凄凄，百卉具腓（féi）"，"冬日烈烈，飘风发发"。《豳（bīn）风·七月》就是夏历和周历并用。此诗凡言"七月"等处是夏历，"一之日"等处是周历。《春秋·成公元年》说"二月无冰"，史官把这一罕见的现象载入史册，显而易见，这是指周历二月即夏历十二月而言；如果是夏历二月，则已经"东风解冻"，无冰应是正常现象，无需大书特书了。又如《春秋·庄公七年》说"秋，大水，无麦苗"，这也指周历，周历秋季相当于夏历五、六月，晚收的麦子和"五稼之苗"有可能被大水所"漂杀"；如果是夏历秋季，就很难索解了。由此可知《孟子·梁惠王上》所说的"七、八月之间旱，则苗槁（gǎo）矣"，也是用周历。周历七、八月相当于夏历五、六月，其时正是禾苗需要雨水的时候。根据同样的理由，我们相信《孟子·滕文公上》所说的"江汉以濯（zhuó）之，秋阳以暴之"的秋阳，是指夏历五、六月的炎日。在《春秋》和《左传》里，同一历史事实，《春秋》经文和《左传》所记的时月每有出入，甚至同属《左传》所记，而时月也互有异同，这可以从三正的差异中求得解释（文字错乱又当别论）。例如《春秋·隐公六年》说"冬，宋人取长葛"，《左传》记载为"秋，宋人取长葛"，杜预想调和经、传纪时上的矛盾，解释说"秋取，冬乃告也"。又说"今冬乘长葛无备而取之"，则自相矛盾。其实从周历、夏历的差异上来解释就很自然。《春秋·僖（xī）公五年》说"春，晋侯杀其世子申生"，《左传》记此事于僖公四年十二月。可见《左传》所依据的史料有的是用夏历。

在战国秦汉之间有所谓"三正论"，认为夏正建寅、殷正建丑、周正建子是夏、商、周三代轮流更改正朔，说什么"王者始起"要"改正朔""易服色"等以表示"受命于天"。当然这并不可信。秦始皇统一中国后，改以建亥之月（即夏历的十月）为岁首，但是夏正比较适合农事季节，所以并不称十月为正月，不改正月（秦人叫端月）为四月，春、夏、秋、冬和月份的搭配，完全和夏正相同。汉初沿袭秦制，《史记·魏其武安侯列传》载汉武帝元光五年（前130）十月杀灌夫，十二月晦杀魏其，接着说："其春，武安侯病，专呼服谢罪。使巫视鬼者视之，见魏其、灌夫共守，欲杀之。"司马迁不说"明春"，而说"其春"，就是因为当时以十月为岁首，当年的春天在当年的十二月之后的缘故。汉武帝元封七年（前104）改用《太初历》，以建寅之月为岁首，此后大约二千年间，除王莽和魏明帝时一度改用殷正，唐武后和肃宗时一度改用周正外，一般都是用的夏正。

节日

附带谈谈一些节日。

由于风俗习惯的关系，一年有许多节日。下面把一些主要节日按月加以叙述。

元旦

这是正月初一日（辛亥革命以后公历的1月1日被称为元旦，正月初一被改称春节）。

人日

这是正月初七日。据传说，正月一日为鸡，二日为狗，三日为猪，四日为羊，五日为牛，六日为马，七日为人。高适《人日寄杜二拾遗》（按即杜甫）："人日题诗寄草堂。"

上元（元月元宵）

正月十五日。旧俗以元夜张灯为戏，所以又叫灯节。朱淑贞《生查子》："去年元夜时，花市灯如昼。"

社日

农家祭社祈年的日子，立春后第五个戊日（在春分前后）。杜甫《遭田父泥饮美严中丞》："田翁逼社日，邀我尝春酒。"王驾《社日》诗："桑柘（zhè）影斜春社散，家家扶得醉人归。"这是春社。又，立秋后第五个戊日为秋社，在秋分前后。

寒食

清明前二日。《荆楚岁时记》说，冬至后一百五日，谓之寒食，禁火三日。因此，有人以"一百五"为寒食的代称。温庭筠《寒食节日寄楚望》诗："时当一百五。"但依照旧法推算，清明前二日不一定是一百五日，有时是一百六日。所以元稹（zhěn）《连昌宫词》说："初过寒食一百六，店舍无烟宫树绿。"

清明

就是清明节。古人常常把清明和寒食联系起来。杜牧《清明》诗："清明时节雨纷纷。"

花朝

二月十二日为花朝，又叫百花生日。

上巳

原定为三月上旬的一个巳日（所以叫上巳），旧俗以此日临水祓(fú)除不祥，叫做修禊(xì)。但是自曹魏以后，把节日固定为三月三日。后来变成了水边饮宴、郊外游春的节日。杜甫《丽人行》："三月三日天气新，长安水边多丽人。"

浴佛节

传说四月初八日是释迦牟尼的生日。《荆楚岁时记》说，荆楚以四月八日诸寺香汤浴佛，共作龙华会。《洛阳伽蓝记·法云寺》："四月初八日，京师士女多至河间寺。

端午（端阳）

五月初五日。《荆楚岁时记》说，屈原在五月五日投江，人们在这一天竞渡，表示要拯救屈原（后来又把船做成龙形，叫龙舟竞渡）。关于端午节的传说很多。唐代以后，端午节被规定为大节日，常有赏赐。杜甫《端午日赐衣》："端午被恩荣。"

伏日

夏至后第三个庚日叫初伏，第四个庚日叫中伏，立秋后第一个庚日叫终伏（末伏），总称为三伏。据说伏是隐伏避盛暑的意思（此据《史记·秦本纪》"二年初伏"张守节《正义》）。伏日祭祀，所以也是一个大节日。一般所谓伏日，大约指的是初伏。杨恽(yùn)《报孙会宗书》："田家作苦，岁时伏腊。烹羊炮羔，斗酒自劳。"

七夕

七月七日。《荆楚岁时记》说，七月初七日的晚间，是牵牛织女聚会之夜，人间妇女结彩缕穿七孔针，陈酒脯瓜果于庭中，以乞巧。杜牧《七夕》诗："银烛秋光冷画屏，轻罗小扇扑流萤。天街夜色凉如水，卧看牵牛织女星。"

中元

七月十五日（正月十五日为上元，七月十五日为中元，十月十五日为下元。后代只有上元、中元成为节日）。佛教传说：目连的母亲堕入饿鬼道中，食物入口，即化烈火，目连求救于佛，佛为他说《盂兰盆经》，叫他在七月十五日作盂兰盆以救其母（盂兰盆，梵语，是解倒悬的意思。作盂兰盆，指施佛及僧，以报父母养育之恩）。后代把中元看成鬼节，有施饿鬼等迷信行为。

中秋

八月十五日。人们以为这时的月亮最亮，所以是赏月的佳节。苏轼《水调歌头·中秋》："明月几时有，把酒问青天。"

重阳（重九，九日）

九月初九日。古人以为九是阳数，日月都逢九，所以称为重阳。古人在这一天有登高饮酒的习惯。据《续齐谐记》所载，费长房对汝南桓景说，九月九日汝南有大灾难，带茱（zhū）萸（yú）囊登山饮菊花酒可以免祸。这是一般人认为重九登高的来源，但不一定可靠。《风土记》以为此日折茱萸插头，以辟恶气，而御初寒，与此并不相同。王维《九月九日忆山东兄弟》：
"遥知兄弟登高处，遍插茱萸少一人。"

冬至

就是冬至节。冬至前一日称为小至。古人把冬至看成是节气的起点，《史记·律书》"气始于冬至，周而复始"。从冬至起，日子一天天长起来，叫做"冬至一阳生"。《史记·律书》："日冬至，则一阴下藏，一阳上舒。"古人又认为：冬天来了，春天就要跟着到来。杜甫《小至》诗："冬至阳生春又来。"

腊日

腊是祭名。《说文》："冬至后三戌腊祭百神。"可见汉代的腊日是冬至后第三个戌日。但是《荆楚岁时记》以十二月初八日为腊日，并说村人击细腰鼓、作金刚力士以逐疫。十二月初八日是一般的解释，到今天还有"腊八粥"的风俗。杜甫《腊日》诗："腊日常年暖尚遥，今年腊日冻全消。"又《咏怀古迹》（其四）："岁时伏腊走村翁。"

除夕

一年最后一天的晚上。除是除旧布新的意思。一年的最后一天叫"岁除"，所以那天晚上叫"除夕"。苏轼《守岁》诗："儿童强不睡，相守夜欢哗。"

上述这些节日，不是一个时代的，而是许多时代积累下来的。

第三章　乐律

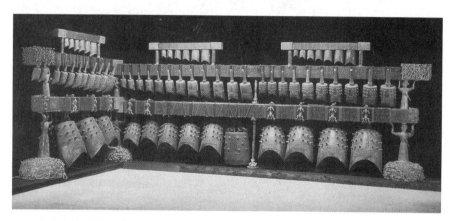

1978年湖北随州战国曾侯乙墓出土的编钟

古人把宫、商、角、徵（zhǐ）、羽称为五声或五音，大致相当于现代音乐简谱上的1（do）2（re）3（mi）5（sol）6（la）。从宫到羽，按照音的高低排列起来，形成一个五声音阶，宫、商、角、徵、羽就是五声音阶上的五个音级：

宫	商	角	徵	羽
1	2	3	5	6

后来再加上变宫、变徵，称为七音。变宫、变徵大致和现代简谱上的7（ti）和#4（fis）相当，这样就形成一个七声音阶。《淮南子·天文训》把变宫叫作和，变徵叫做缪。后世变宫又叫作闰。我国传统音乐没有和4（fa）相当的音，变徵大致和#4（fis）近似。

宫	商	角	变徵	徵	羽	变宫
1	2	3	#4	5	6	7

作为音级，宫、商、角、徵、羽等音只有相对音高，没有绝对音高（《中国古代文化常识》成书时，曾侯乙墓尚未发现。曾侯乙墓出土证据说明，中国在公元前5世纪已经有了完善的绝对音高的概念）。这就是说它们的音高是随着调子转移的。但是相邻两音的距离却固定不变，只要第一级音的音高确定了，其他各级的音高也就都确定了。古人通常以宫作为音阶的起点，《淮南子·原道训》说："故音者，宫立而五音形矣。"宫的音高确定了，全部五声音阶各级的音高也就都确定了。七声音阶的情况也是这样。

1987年河南舞阳贾湖新石器时代遗址出土的骨笛（共出土十六支，均为用鹤腿骨钻孔制成，大多有七孔）

1951年河南辉县琉璃阁出土的商代陶埙（xūn。陶埙的出土说明，至迟至武丁时期，即公元前13世纪，中国已出现了七声音阶）

1978年湖北随州战国曾侯乙墓出土的埙

五音六律

古书上常常把五声或五音和六律并举。《吕氏春秋·慎行论·察传》篇说"夔（kuí）于是正六律，和五声"，《孟子·离娄上》说"师旷之聪，不以六律，不能正五音"，可见律和音是两个不同的概念。律，本来指用来定音的竹管。蔡邕（yōng）《月令章句》："截竹为管谓之律。"《国语·周语下》："律以平声。"后世律管改为铜制。又，古人也用钟弦定音，故有所谓管律、钟律和弦律。旧说古人用十二个长度不同的律管，吹出十二个高度不同的标准音，以确定乐音的高低，因此这十二个标准音也就叫做十二律。十二律各有固定的音高和特定的名称，和现代西乐对照，大致相当于C、#C、D、#D……G、#G、A、#A、B等十二个固定的音。从低到高排列起来，依次为：

1.黄钟	2.大吕	3.太簇	4.夹钟	5.姑洗	6.中吕
C	#C	D	#D	E	F
7.蕤宾	8.林钟	9.夷则	10.南吕	11.无射	12.应钟
#F	G	#G	A	#A	B

这样对照，只是为了便于了解，不是说上古的黄钟就等于现代的C，上古黄钟的绝对音高尚待研究。其余各音和今乐也不一一相等。黄钟、夹钟、林钟、应钟的钟字又作锺；太簇又作太蔟（cù）、太族、大族、大蔟、泰簇、泰族；中吕又作仲吕；姑洗的洗，读xiǎn；无射（yì）又作亡射。

十二律分为阴阳两类：奇数六律为阳律，叫做六律；偶数六律为阴律，叫作六吕。合称为律吕。古书上所说的"六律"，通常是包举阴、阳各六的十二律说的。

律管的长度是固定的。长管发音低，短管发音高。蔡邕《月令章句》说："黄钟之管长九寸（这是晚周的尺度，一尺长约二十三厘米），孔径三分，围九分。其余皆稍短（渐短），唯大小无增减。"十二律管的长度有一定的数的比例：以黄钟为准，将黄钟管长三分减一，得六寸，就是林钟的管长；林钟管长三分增一，得八寸，就是太簇的管长；太簇管长三分减一，得五又三分之一寸，就是南吕的管长；南吕管长三分增一，得七又九分之一寸，就是姑洗的管长（尺寸依照《礼记·月令》郑玄注）；以下的次序是应钟、蕤（ruí）宾、大吕、夷则、夹钟、无射、中吕。除由应钟到蕤宾，由蕤宾到大吕都是三分增一外（《汉书·律历志》说："参分蕤宾损一，下生大吕。"其说非是。应以《淮南子》《礼记·月令》郑注及《后汉书·律历志》为准。参看王光祈《中国音乐史》），其余都是先三分减一，后三分增一，这就是十二律相生的三分损益法。十二个律管的长度有一定的比例，这意味着十二个标准音的音高有一定的比例。

乐调

现在说到乐调。

上文说过，古人通常以宫作为音阶的第一级音。其实商、

1989年江西新干大洋洲商代大墓出土的牛首纹青铜镈（bó）钟（镈是宴飨或祭祀时与编钟或编磬组合使用的乐器，演奏时击打镈以控制节奏，起到定音打拍子的指挥作用）

1978年湖北随州战国曾侯乙墓出土的竹篪（chí。篪为横吹竹管乐器，我国古代雅乐主要乐器之一，以前只有古籍记载，直到在曾侯乙墓中出土实物。篪与笛子不同，笛子演奏时会有一只手的手心向下，手指朝前指向观众，篪则不同，演奏时两只手的手指都向内朝向自己）

角、徵、羽也都可以作为第一级音。《管子·地员》篇有一段描写五声的文字，其中所列的五声顺序是徵、羽、宫、商、角，这就是以徵为第一级音的五声音阶：

徵	羽	宫	商	角
5	6	1	2	3

音阶的第一级音不同，意味着调式的不同：以宫为音阶起点的是宫调式，意思是以宫作为乐曲旋律中最重要的、居于核心地位的主音；以徵为音阶起点的是徵调式，意思是以徵作为乐曲旋律中最重要的、居于核心地位的主音；其余由此类推。这样，五声音阶就可以有五种主音不同的调式。根据同样的道理，七声音阶可以有七种主音不同的调式。《孟子·梁惠王下》："'为我作君臣相说之乐。'盖徵招、角招是也。"招就是韶（舞乐），徵招、角招就是徵调式舞乐和角调式舞

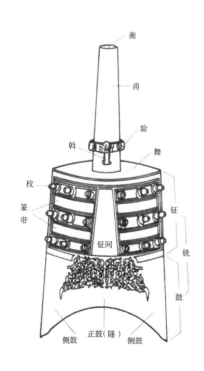

青铜钟各部位名称图

乐。《史记·刺客列传》载："高渐离击筑，荆轲和而歌，为变徵之声，士皆垂泪涕泣。又前而为歌曰：'风萧萧兮易水寒，壮士一去兮不复还。'复为羽声忼（kāng）慨，士皆瞋目，发尽上指冠。"这里所说的变徵之声就是变徵调式，羽声就是羽调式。以上的记载表明，不同的调式有不同的色彩，产生不同的音乐效果。

但是上文说过，宫、商、角、徵、羽等音只有相对音高，没有绝对音高。在实际音乐中，它们的音高要用律来确定（此说其实已经不对。考虑上下文衔接，这里我们对原文的错误维持原状）。试以宫调式为例，用黄钟所定的宫音（黄钟为宫），就比用大吕所定的宫音（大吕为宫）要低。前者叫做黄钟宫，后者叫做大吕宫。古书上有时候说"奏黄钟""歌大吕"等等，虽只提律名，实际上指的是黄钟宫、大吕宫等等。宫音既定，其他各音用哪几个律，也就随之而定。例如：

黄钟宫											
黄钟	大吕	太簇	夹钟	姑洗	中吕	蕤宾	林钟	夷则	南吕	无射	应钟
宫		商		角			徵		羽		
大吕宫											
黄钟	大吕	太簇	夹钟	姑洗	中吕	蕤宾	林钟	夷则	南吕	无射	应钟
	宫		商		角			徵		羽	

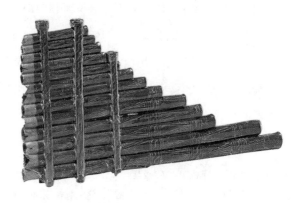

1978年湖北随州战国曾侯乙墓出土的彩绘排箫（排箫共有十三根箫管，虽不是按十二律及其顺序编排，但其音列的构成至少是六声音阶结构）

　　理论上十二律都可以用来确定宫的音高，这样就可能有十二种不同音高的宫调式。商、角、徵、羽各调式仿此，也可以各有十二种不同音高的调式。总起来说，五声音阶的五种调式，用十二律定音，可各得十二"调"，因此古人有所谓六十"调"之说。《淮南子·原道训》说："五音之数不过五，而五音之变不可胜听也。"根据同样的道理，七声音阶的七种调式，用十二律定音，可得八十四"调"。了解到这一点，那么古书上所说的"黄钟为宫，大吕为角，太簇为徵，应钟为羽"这一类的话就不难懂了（见《周礼·春官宗伯·大司乐》），所指的不过是不同音高的不同调式而已。

　　有一点需要注意：无论六十"调"或八十四"调"，都只是理论上有这样多的可能组合，在实际音乐中不见得全都用到。例如隋唐燕乐只用二十八宫调。前人把以宫为主音的调式称之

1978年湖北随州战国曾侯乙墓出土的编磬（磬为石制打击乐器，是八音之一。单个使用的叫特磬，成组配套使用的叫编磬。这组编磬共三十二块，每一块磬上均刻有编号和乐律铭文。其音域可跨三个八度，而且十二个半音齐备）

为宫，以其他各声为主音的调式统称之为调。例如八十四调可以分称为十二宫七十二调，也可以合称为八十四宫调。隋唐燕乐所用的二十八宫调，包括七宫二十一调。南宋词曲音乐只用七宫十二调，元代北曲只用六宫十一调，明清以来南曲只用五宫八调。常用的只有九种，即五宫四调，通称为"九宫"：

五宫：正宫、中吕宫、南吕宫、仙吕宫、黄钟宫
四调：大石调（又作大食调）、双调、商调、越调

这里所列的"调"的名称是传统惯用的俗名。和上古的"调"对照，大致是：

正宫——黄钟宫	中吕宫——夹钟宫	南吕宫——林钟宫
仙吕宫——夷则宫	黄钟宫——无射宫	大石调——黄钟商
双调——夹钟商	商调——夷则商	越调——无射商

古书上又常常提到八音。《尚书·舜典》说："八音克谐"，《周礼·春官宗伯·大司乐》说："文之以五声，播之以八音。"所谓八音，是指上古的八类乐器，即金、石、土、革、丝、木、匏（páo）、竹。依《周礼·春官宗伯·大师》郑玄注，金指钟镈（bó），石指磬（qìng），土指埙（xūn），革指鼓鼗（táo），丝指琴瑟，木指柷（zhù）敔（yǔ），匏指笙，竹指管箫。由此可见，八音和五声、七音是不同性质的。

我国乐律，历代有不少变更，这里没有必要加以叙述。

我国音乐有悠久的历史，我国乐律知识在二千多年以前就已经非常精微，这是值得我们自豪的。但是由于历史条件的限制，古人对乐律的理解还有不正确的一面，我们学习古代乐律，对这一点也应该有所了解。

律中

古人把宫、商、角、徵、羽五声和四季、五方、五行相配。如果以四季为纲排起表来，它们之间的配合关系是：

四季	春	夏	季夏	秋	冬
五声	角	徵	宫	商	羽
五方	东	南	中	西	北
五行	木	火	土	金	水

这种配合关系，可举两条旧注来说明。《礼记·月令》郑玄注："春气和，则角声调"，所以角配春。《吕氏春秋·孟春纪》高诱注："角，木也，位在东方"，所以角配木，配东。其余由此类推。显而易见，这样解释是没有科学根据的。但是古人对于五声和四季、五方、五行的具体配合既然有了一种传统的了解，那么古典作家的作品在写到某个季节时，连带写到和这个季节相配的音名和方位，就完全可以理解了。欧阳修《秋声赋》之所以说"商声主西方之音"，就是因为古人以秋季、商音和西方相配的缘故。

欧阳修《秋声赋》接着还说："夷则为七月之律。"夷则和七月的联系要从十二律和十二月的配合来说明。在上古时代，人们把乐律和历法联系起来，依照《礼记·月令》，一年十二月正好和十二律相适应：

孟春之月，律中太簇；

仲春之月，律中夹钟；

季春之月，律中姑洗；

孟夏之月，律中中吕；

仲夏之月，律中蕤宾；

季夏之月，律中林钟；

孟秋之月，律中夷则；

仲秋之月，律中南吕；

季秋之月，律中无射；

孟冬之月，律中应钟；

仲冬之月，律中黄钟；

季冬之月，律中大吕。

所谓"律中"，据《礼记·月令》郑玄注就是"律应"，"律应"的徵（zhēng）验则凭"吹灰"。吹灰是古人候气的方法，据说是用葭（jiā）莩（fú）的灰塞在律管里，某个月份到了，和它相应的律管里的葭灰就飞动起来了。欧阳修《秋声赋》"夷则为七月之律"，就是在这个意义上说的。这种方法当然是不科学的，但是也成了典故。陶潜《自祭文》说："岁惟丁卯，律中无射，天寒夜长，风气萧索"，是指季秋九月。杜甫《小至》："吹葭六琯（guǎn）动飞灰。"（琯，玉制的律管。前人说这里的"六琯"包举六律六吕十二个管，其实是指黄钟管。诗人为了和上句"刺绣五纹添弱线"的"五纹"相对，所以说"六琯"。诗歌用词灵活，不可拘泥）。小至是冬至的前一天，仲冬之月，律中黄钟，诗人的意思是说"冬至到了，律中黄钟，黄钟管的葭灰飞动了"。韩愈《忆昨行》："忆昨夹钟之吕初吹灰"，意思是说"想起了二月的时候"，因为仲春之月，律中夹钟。

1957年河南陕县后川出土的战国魏编磬

　　由于古人把十二律和十二月相配，后世作家常喜欢用十二
律的名称代表时令月份。例如曹丕（pī）《与吴质书》："方今蕤
宾纪时，景风扇物"，就是指仲夏五月说的。
　　关于古代乐律，我们就说到这里。

第四章　地理

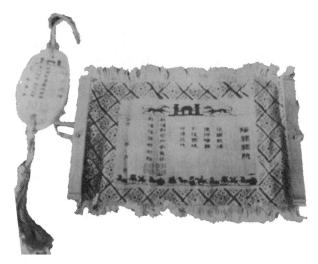

两千年前的护照——西汉时期签发的阳关关照，为汉朝的通关文书（甘肃敦煌阳关遗址博物馆）

1972年甘肃嘉峪关出土的三国魏砖画《驿传图》

历代地方区域的划分，各有不同。有时候，同一个区域名称，而涵义大有区别。有些名称则是上古所没有的。现在举出一些例子来加以说明。

州

相传尧时禹平洪水，分天下为九州，即冀（jì）州、兖（yǎn）州、青州、徐州、扬州、荆州、豫州、梁州、雍州。又相传舜时分为十二州，即除了九州外，又从冀州分出并、幽州，从青州分出营州。这样，疆域的大小是一样的，只是州的大小稍有不同罢了。到了汉代，中国的疆土更大了，于是增加了一个交州，一个朔方。后来朔方并入并州，改雍州为凉州，梁州为益州。东汉时代，共有十三州，即：司隶（直辖州）、豫州、兖州、徐州、青州、凉州、并州、冀州、幽州、扬州、益州、荆州、交州。晋初分为十九州，和东汉十三州比较，增加六州：（1）把梁州分为雍、凉、秦三州；（2）把益州分为梁、益、宁三州；（3）把幽州分为幽、平两州；（4）把交州分为交、广两州。

从汉到南北朝末，州基本上是监察区（汉武帝为了加强中央集权，分全国为十几个监察区，称为州或部。每州置刺史〔后或称州牧〕一人，巡察所属郡国。后来刺史都掌兵权，不是单纯的监察官了），有时也是行政区。不过从南北朝起，州的范围渐渐地缩小了。在唐代，全国共有三百多个州，是行政区，宋元所谓州，则与唐代基本上一致。明清改州为府（将元代的路、府〔州〕、县三级简化为府、县两级），所以有"兖州府""扬州府"等名称，只留少数直隶州直辖于省，散州隶属于府。

郡

郡是行政区域。秦分天下为三十六郡，其中著名的有陇西、颍川、南阳、邯郸、钜（jù）鹿、渔阳、右北平、辽西、辽东、河东、上党、太原、代郡、雁门、云中、琅琊（yá）、汉中、巴郡、蜀郡、长沙、黔中。后来又增加桂林、象郡、南海、闽中，共为四十郡。此后历代都有郡，但是区域变小了。直到隋代才取消了郡。唐代州郡迭改，都是行政区域。宋废郡。

国

国是汉代诸侯王的封域，也是行政区。国的区域略等于郡，所以"郡国"连称。

道

唐代的道是监察区，略相当于汉代的州。贞观年间，分全国为十道：（1）关内道，即古雍州；（2）河南道，即古豫、兖、青、徐四州；（3）河东道，即古冀州；（4）河北道，即古幽、冀二州（冀州共出现两次，表示是冀州的一部分。下仿此。这些说法根据郑樵《通志》卷四十《地理略》）；（5）山南道，即古荆、梁二州；（6）陇右道，即古雍、梁二州；（7）淮南道，即古扬州；（8）江南道，即古扬州的南部（今浙江、福建、江西、湖南等省）；（9）剑南道，即古梁州（剑阁以南）；（10）岭南道，即古扬州的南部。开元年间，又分为十五道，这是从关内道分出一个京畿（治长安。畿，读jī），从河南道分出一个都畿（治洛阳），再把山南分为山南东道、山南西道，把江南分为江南东道、江南西道和黔中道。

路

宋代的路最初是为征收赋税、转运漕（cáo）粮而分的区域，后来逐渐带有行政区划和军区的性质。最初分全国为十五路，后来分为十八路、二十三路（此外还有少数特为军事而设的路，不领民事），和今天的省区大致相似。例如福建路、广东路、广西路、湖南路、湖北路、陕西路、河北路等，都和今天的省名相同，区域也大致相当（广东路又称广南东路，广西路又称广南西路，湖南路又称荆湖南路，湖北路又称荆湖北路。路是介乎行政区和监察区之间的一种区划。路并没有成为州的上一级行政机构，它只是中央为便于在财赋、兵政及国家掌控的垄断经济等方面管理地方所设的机构。州级政府也不对路长官负责）。元代也有路，宋代的路大，元代的路小，相当于州、府。

省

省，本来是官署的名称。元代以中书省为中央政府，又在路之上分设行中书省（略等于中书省办事处或中书省行署），简称行省。后来行省成为正式的行政区域名称，简称为省。

府

依唐代制度，大州称为府，因为这些州都置有都督府或都护府，唐代府隶属于道，宋代府隶属于路（按：唐代的道是监察区。宋代的路是中央派出机构。唐、宋的府都直属朝廷。"隶属"之说不确。元代的府只有三十多个，其中有路辖府，也有省辖府。省辖府直辖于行省。原书关于"府"的论述有疏漏，这里我们仅指出，不对原文做改动）。元代的府，有的隶属于路，有的直辖于中央。明、清改州为府（见上文）。

军

军是宋代的行政区域，一个军等于一个州或府，直辖于路。宋代的平定军即清代的平定州，宋代的南安军即清代的南安府，可见军和州、府是差不多的。

县

县是地方基层行政区域。秦汉的县属于郡（汉代国以下也有县），后代的县属于州或府。

我们阅读古书，要注意同名异地的情况。例如山东，战国时称六国为山东，这是因为秦都关中，六国在崤（xiáo）山、函谷关以东的缘故。所以《战国策·赵策二》说："六国从亲以摈（bìn）秦，秦必不敢出兵于函谷关以害山东矣。"贾谊《过秦论》也说："山东豪俊，遂并起而亡秦族矣。"但是《汉书·儒林传》说，伏生得《尚书》二十九篇，"以教于齐鲁之间，齐学者由此颇能言《尚书》，山东大师亡不涉《尚书》以教"，这里的山东却指齐鲁一带（古代山东、山西有就华山而言，有就太行山而言，这里不细说）。又如江南，《史记·货殖列传》说："江南豫章长沙"，指今天的湖、广、江西一带。今天的江南，《史记》却称为江东，《史记·项羽本纪》说："纵江东父兄怜而王我，我何面目见之？"

至于具体地名，在不同时代指不同地点，则更为常见。例如：

蓟（jì），南北朝以前指今北京（旧址在今北京城西南角）；

蓟州，唐以后指今河北省蓟县一带（蓟县1973年由河北省划归天津市。蓟州辖境包括现在天津市蓟州区和河北省香河、玉田、丰润、遵化等县）。

桂林，秦代指今广西贵县南，三国时指今梧州市，西晋时指今柳州市东；桂州在南北朝及唐五代、桂林府在明清两代，都指今桂林市。

关于古代州郡县邑的建置、因革及其境域，目前可查阅商务印书馆编印的《中国古今地名大辞典》。

第五章　职官

1972年内蒙古和林格尔东汉墓壁画《护乌桓校尉幕府图》(描绘了护乌桓校尉在幕府里居正堂接见客人时酒宴预备的场景)

我国古代的职官，历代建置不同，其间因革损益，情况复杂。在这个题目下，我们不能全面叙述历代官制的发展，只能大致谈谈几个重要的问题：中央官制，地方官制，品阶勋爵等。

中央官制

战国时代，各国国君之下分设相、将，分掌文、武二柄。赵惠文王以蔺（lìn）相如为相，以廉颇为将，是人所熟知的例子。《荀子·王霸》篇说相是"百官之长"，所以《战国策·齐策四》说："于是梁王虚上位，以故相为上将军，遣使者黄金千斤，车百乘，往聘孟尝君。"楚国最高的长官称为令尹，次于令尹的是武官上柱国，官号和其他各国不同。

秦代皇帝之下设丞相府、太尉府和御史大夫寺组成中枢机构。丞相禀承皇帝意旨佐理国政；太尉掌全国军事；御史大

1983年广东广州出土的"文帝行玺"金印（此为南越国第二代王的帝号玺印，黄金铸成，是南越地方割据政权的最高凭信）

夫是皇帝的秘书长兼管监察。丞相官位最高，尊称为相国，通称为宰相。汉初沿袭秦制，汉武帝以后，丞相地位虽尊，权力却逐渐缩小。例如霍光以大司马、大将军领尚书事，辅理国政，其权势就远在丞相之上。西汉末丞相改称大司徒，太尉改称大司马，御史大夫改称大司空（大司空是主水土之官，和先前御史大夫的职掌不同），号称三公（又称三司），都是宰相。但到东汉光武帝时，"虽置三公，事归台阁"（见《后汉书·仲长统传》），三公只处理例行公事，台阁反而成了实际上的宰相府了。

所谓台阁，是指尚书机构尚书台说的，后世逐渐称为尚书省。晋称为尚书都省，刘宋称为尚书寺，一名尚书省。首长是尚书令，副职是尚书仆射（yè）。魏文帝鉴于东汉尚书台的权势太大，把它改为外围的执行机构，另外设置以中书监、令为首长的中书省，参掌中枢机密。南北朝时皇帝鉴于中书省权势日大，又设置以侍中为首长的门下省，对中书省加以限制。这样，就形成了皇朝中央尚书、中书、门下三省分职的制度：中书省取旨，门下省审核，尚书省执行。隋代避用"中"字，改中书省为内史省，改侍中为纳言。在唐高宗、武后和玄宗时，三省名称曾有几度改变：尚书省称中台、文昌台；中书省称西台、凤阁、紫微；门下省称东台、鸾台、黄门。三省首长同为宰相，共议国政。

唐代因为唐太宗曾任尚书令，以后此官不再授人，而以左、右仆射为宰相。唐高宗以后，左、右仆射不再参决大政。唐太宗又认为中书令和侍中的官位太高，不轻易授人，常用他官加上"参议朝政""参议得失""参知政事"之类的名义掌宰相之职；高宗以后执行宰相职务的称为"同中书门下三品""同中书门下平章事"；宋代简称为"同平章事"，以"参知政事"为副相。

宋代中央是中书和枢密院分掌文、武二柄，号称二府。枢密院类似秦代的太尉府，正、副首长是枢密使、副使。

宰相一词最早见于《韩非子》(《韩非子·显学》："故明主之吏，宰相必起于州部，猛将必发于卒伍。"又，过去文人常用宰辅、宰衡等以称宰相，但都不是正式官号)。正式定为官号是在辽代。辽代中枢机构是北、南宰相府，各设左、右宰相。明代废中书省，皇帝亲理国政，以翰林院官员加殿阁大学士衔草拟诏谕。后来大学士逐渐参与大政，成了实际上的宰相，号称辅臣，首席辅臣有元辅、首辅之称。清沿明制，到雍正时成立军机处，大学士就没有什么职权了。

秦汉时中央的行政长官有：(一)奉常。汉初沿用此称，后来改称太常，掌宗庙礼仪。(二)郎中令。汉初沿用此称，后来改称光禄勋，管宫廷侍卫。(三)卫尉。汉景帝初，一度改称中大夫令，管宫门近卫军。(四)太仆。管皇帝车马。(五)廷尉。汉代有时又称为大理，是最高的法官。(六)典客。汉初沿用此称，后来又称大行令、大鸿胪(lú)，管理少数民族来朝事宜。(七)宗正。管理皇族事务。(八)治粟内史。汉初沿用此称，后来又称大农令、大司农，管租税赋役。(九)少府。管宫廷总务。以上诸官，后来称为九卿。九卿之中，廷尉、典客和治粟内史管的是政务，其余六卿管的是皇帝私人事务。

九卿之外，还有掌管京师治安的中尉（后来称为执金吾），以及掌管营建宫室的将作少府（后来称为将作大匠），等等。

诸卿各有属官，这里不都列举，只就郎中令（光禄勋）的属官大夫和郎稍加说明如下：

汉代有太中大夫、中大夫（汉武帝改称光禄大夫）等。大夫"掌论议"，"无常事，唯诏命所使"，是后世散官的性质（后详）。

郎是皇帝侍卫官的通称，有议郎、中郎、侍郎、郎中。议郎掌顾问应对，比较特殊。其他诸郎皆"掌守门户，出充车骑"。

此外汉武帝又置期门、羽林作为光禄勋的属官。期门是汉武帝微行时的侍从（《汉书·百官公卿表》注引服虔说："与期门下以微行，后遂以为官。"王先谦说"期诸殿门，故有期门之号"），羽林是宿卫之官（《汉书·百官公卿表》颜师古注："羽林亦宿卫之官，言其如羽之疾，如林之多也。一说羽所以为王者羽翼也"），都是郎官的一类，所以有期门郎、羽林郎之称。

附带说一说汉代的加官，这是本官之外另加的官职。

汉代的加官有侍中、给事中、诸吏等。加侍中就能出入宫禁，成为皇帝的亲信。加给事中就能掌顾问应对。加诸吏就能对宫廷官员进行监察和弹劾（hé）。后世侍中成为门下省的首长（见前），给事中成为门下省的属官。

汉代的加官还有中常侍和散骑等。中常侍在禁中侍奉皇帝

（东汉改用宦者），散骑是皇帝的骑从，掌"献可替否"。曹魏时合称散骑常侍，备皇帝顾问并掌规谏。南北朝，散骑常侍是集书省（皇帝的侍从顾问机构）的首长，后世并入门下省。

下面说到六部。

尚书本是九卿中少府的属官，发展为尚书台后，事务增多，于是分曹治事，每曹设尚书一人，这是后世中央各部的前身。从东汉到南北朝，部曹尚无定制，隋代始定为吏、民、礼、兵、刑、工六部，属于尚书省。唐避太宗讳，改民部为户部。此后历代相承，作为中央行政机构的六部制基本未变。

六部的职掌大致是：

（一）吏部，掌官吏的任免、铨（quán）叙、考绩、升降等。（二）户部，掌土地、户口、赋税、财政等。（三）礼部，掌典礼、科举、学校等。（四）兵部，掌全国军政。（五）刑部，掌刑法、狱讼等。（六）工部，掌工程、营造、屯田、水利等。

各部的首长称为尚书，副首长称为侍郎。部下设司，隋唐时每部分为四司，第一司即以本部为名，"佐其长而行政令"，其余三司各以职掌命名。例如唐代吏部，第一司仍称吏部，其余三司为司封、司勋、考功。后代部司有所调整，名称也不尽相同。司的首长称为郎中，副首长称为员外郎。属官有都事、主事等。

六部仿《周礼》六官，列表对照如下：

六部尚书	《周礼》六官
吏部尚书	天官大宰（冢宰）
户部尚书	地官大司徒
礼部尚书	春官大宗伯
兵部尚书	夏官大司马
刑部尚书	秋官大司寇
工部尚书	冬官大司空

（注：杜佑《通典》卷二十三《职官五》说："若参详古今，征考职任，则天官大宰当为尚书令，非吏部之任。今吏部之始，宜出夏官之司士。"《周礼·冬官司空》早亡，后补的《考工记》不足以当《冬官司空》）

后世以《周礼》六官作为六部尚书的代称，如户部尚书称为大司徒，礼部尚书称为大宗伯等，但是吏部尚书则称冢宰。又清代以户部掌漕粮田赋，故又称户部尚书为大司农。

六部成立，诸卿的职权变小，有的卿由于职务并入有关的部司，后来就裁撤了。

现在说到中央的监察官和谏官。监察官对百官进行纠弹，谏官对皇帝进行规谏。下面分别叙述。

我国古代中央的监察官，可以追溯到战国时代的御史。御史是记事之官兼纠察之职，秦汉称为侍御史，秦以御史大夫为侍御史之长。西汉御史大夫是副丞相，由其助手御史中丞领导监察弹劾工作。后来成立监察机构御史台，以御史中丞为首长。御史台又称宪台，后世或称肃政台等，所以习惯上把监察官称为台官。历代监察官的首长或为御史大夫，或为御史中丞等。明清中央监察机构称为都察院，首长称为左、右都御史。历代管监察的属官除侍御史外，还有治书侍御史、殿中侍御史、监察御史等，唐避高宗讳，改治书侍御史为持书侍御史，又误作侍书侍御史。

前人把台官和谏官合称为台谏。西汉有谏大夫，东汉称为谏议大夫，是属于光禄勋的专职谏官。唐代除谏议大夫外，又增设补阙（quē）、拾遗，三者各分左、右，分属门下、中书二省。宋代左、右补阙改为左、右司谏，左、右拾遗改为左、右正言，后来并入谏院，以左、右谏议大夫为首长。隋唐以来，和谏官同居门下省的有给事中，负责审阅各部奏章和封驳中书省所拟的诏旨（有不合者封还驳回），明代给事中负责稽查六部，并兼任前代谏议、补阙、拾遗之职，所以后来俗称给事中为给谏。清雍正时，给事中和御史同属都察院，这样，御史也就称为台谏了。

封建皇帝有文学侍从。汉代选文章经术之士待诏金马门（金马门是汉代未央宫门。未央宫门前有铜马，故名金马门），或供奉辞赋，或讲论六艺群书，没有特定的官号。唐初设翰林院，这是文人和卜医技术待诏的处所，并不是中央机关。唐玄宗以翰林待诏（后称翰林供奉）草拟诏令、应和文章，翰林待诏也是文学侍从的性质。后来另建学士院，入院的称为翰林学士，专掌皇帝的机密诏令，被认为是"清要显美"之官。宋代学士院改称翰林学士院。明清称为翰林院，但职掌和唐宋有所不同。

侍奉皇帝讲读称为侍读、侍讲。唐代有集贤院侍读学士等；宋代有翰林侍读学士、侍讲学士等。宋、元以来，皇帝和侍读、侍讲学士以及其他高级官员定期在内廷讲论经史，称为经筵。清代主讲经筵者，称为经筵讲官。

古有史官。旧说周代太史掌文史星历兼管国家图书。秦汉时，太史和太卜、太祝等官归奉常领导。魏晋南北朝设专职史官，一般称为著作郎。唐代设史馆，以他官兼任史馆修撰，由宰相监修国史。宋代史馆称为国史实录院，有修撰、编修、检讨等官。明代史官并入翰林院，仍沿用过去的官号。

我国从古就很重视图书的收藏和校订。汉代御史中丞除作为监察官外，还在兰台掌图籍秘书，其下有兰台令史，掌校书定字。东汉的秘书监以及后来增设的秘书郎、校书郎，都是专管图书的官员。管理图书的机构，一般称为秘书省。唐代秘书省一度称为兰台，这是因为兰台是汉宫的藏书之处。唐代内廷有收藏经、史、子、集的弘文馆和修写"御本"的集贤殿书院（"御本"是缮写给皇帝看的），设学士、直学士、修撰、校理等官，并有校书郎、正字等，从事图书的管理、修撰和校订。宋代把收藏图书和编修国史的单位合称为馆阁：馆指昭文馆、史馆和集贤院，阁指秘阁和龙图、天章等阁。秘阁收藏真本书和古字画。龙图、天章等十一阁分藏宋太宗、真宗诸帝的"御书""御制文集"等。明代馆阁之职并入翰林院，所以翰林院也就称为馆阁了。

宋代龙图、天章诸阁各置学士、直学士和待制，其职掌是备皇帝顾问、参与论议或校订图书。后来这类阁学士成了朝臣外补（外调）时的"加恩兼职"，并不担任上述职务。宋代又有殿学士，这是授予旧相、辅臣的"职名"，有观文殿大学士、学士，资政殿大学士、学士，端明殿学士。这类殿学士和阁学士，都是表示优宠的虚衔。

古代有博士、助教等官。秦汉时，博士掌通古今、备顾问。汉文帝时，《论语》《孝经》《孟子》《尔雅》皆立博士，汉武帝设五经博士并置博士弟子学习经术。汉代博士是太常的属官，所以有太常博士之称，以聪明威重者一人为博士祭酒（祭酒的本义是在大飨〔xiǎng〕宴时，以年老宾客一人举酒祭祀地神，引申为对同辈或同官中年高望重者的尊称，后用为官名，如国子祭酒等）。魏晋以后历代所设的太常博士只是礼官的性质，和作为教官的国子博士、太学博士等职掌不同。晋代以博士为国子学和太学的教官（国子学是高级官员子弟的学校，太学是一般官员和庶民俊秀子弟的学校），并设助教作为博士的副职，后代沿置，直到明清中央教育机构国子监，还有博士和助教。北魏以后，地方教官一度也称为博士、助教。

附带说一说教授。宋代府、州开始设教授，负责教诲所属生员。明清府学设教授，州学设学正，县学设教谕，各以训导作为副职。至于地方最高的教育行政长官，宋代各路一度设过提举学事司，这是清代各省提督学政的前身。

最后谈谈武官。

春秋时已有将军称号。战国有大将军，后来又有左、右、

1979年青海大通上孙家寨出土的"汉匈奴归义亲汉长"铜印（此印为东汉中央政府颁发给匈奴首领的官印）

前、后将军，秦汉沿置。汉代还有骠骑将军、车骑将军、卫将军，地位都很高。此外还有临时设置的将军，例如对匈奴作战则置祁连将军，对大宛作战则置贰师将军等。汉代略次于将军的是校尉，各依职掌命名。例如掌骑士的称为屯骑校尉，掌西域屯兵的称为戊己校尉等。魏晋以后，将军和校尉名目繁多，其中不少是虚衔，如云麾将军、振威校尉等，这里不细说。

地方官制

春秋时的地方行政单位有邑县。邑县的长官，鲁、卫称宰，晋称大夫，楚称令尹。战国时有郡有县，郡的长官为守，掌军事为主；县的长官为令，掌民政为主。后来以郡领县，形成郡、县二级的地方行政单位。

1956年云南晋宁石寨山滇王墓出土的"滇王之印"（公元前109年，汉武帝在滇国区设置益州郡，赐滇王金印，使其继续统治滇民）

秦汉万户以上的县，长官称令；不及万户的县，长官称长。县丞助理县政，县尉掌管治安。隋唐县的长官统称令。宋代派中央官员出掌县政则称为"知某某县事"，简称知县。明清沿用知县之称，元代则称为县尹。历代县有诸曹掾史，各有不同职掌。

秦汉县以上的行政单位是郡。秦代郡的行政长官是郡守，掌军事的是尉，掌监察的是监御史，简称为监。郡丞是郡守的佐贰。汉代郡守改称太守，后因兼领军事，所以有郡将之称。郡的属官除诸曹外，还有督邮、主簿等。督邮举察属县官吏的功罪善恶，并督治地方豪强奸恶；主簿主管文书簿籍。督邮职权很重，唐以后始废。古代官署一般都设主簿，宋以后县的主簿和丞、尉，同为县令（知县）的助理。

汉代和郡平行的还有"国"。这是皇帝子弟的封地，设官

1981年江苏邗江出土的东汉广陵王刘荆的"广陵王玺"（刘荆，东汉光武帝刘秀第九子）

初仿中央，吴楚七国之乱后加以裁削，由中央派相处理行政（魏晋南北朝改称内史）。相和太守相当，都是二千石的官（汉制以俸禄多少作为职官等级的标志，二千石的官月俸120斛），所以汉代往往用二千石作为"郡国守相"的代称。

汉武帝时全国分为十几个监察区，称为州或部，每州置刺史一人（后或称为牧），监察所属郡国。京师所在的州置司隶校尉，略如刺史。刺史有别驾从事史、治中从事史等属官。别驾随刺史出巡，治中"主众曹文书"（杜佑《通典》卷三十二《职官十四》说"治中从事史一人，居中治事，主众曹文书，汉制也"）。东汉战争频仍，刺史或州牧都掌兵权。魏晋南北朝，刺史多带将军称号，并允许成立军府，自置僚属，权势很大。

不加将军称号的称为单车刺史，多由庶姓充任。又，晋代郡守也多加将军称号。这样，刺史就有两套属官，一套是属于监察系统的别驾、治中等，一套是属于军事系统的长史、司马、参军等。

　　隋唐县以上的行政单位是州或郡，称州时长官是刺史，称郡时长官是太守（首都或陪都所在的州称为府，有尹、少尹等官），刺史实际上等于太守。古人把刺史或太守称为使君，柳宗元为永州刺史韦公写了《永州韦使君新堂记》，文章最后说"编以为二千石楷法"，这里二千石是袭用汉代郡国守相的称呼，其实是指当时州的行政长官刺史说的。刺史既然成了行政长官，那么前代刺史的两套属官的称号，也就参用为行政系统的官号了（《旧唐书·高宗本纪上》载贞观二十三年〔649〕七月改诸州治中为司马、别驾为长史）。了解了这一点就会知道，隋唐州郡的司马，其实是不掌武事的。

　　唐代中央对地方的监察，起初是派员出巡各州，称为黜陟使（有权罢免或擢〔zhuó〕升地方官吏。黜，读chù；陟，读zhì）。后来全国分为若干道，每道派京官一人巡察所属州、县，先后称为巡察使、按察使、采访处置使、观察使。唐代又每聚边境数州为一镇，设节度使，兼度支、营田、观察等使，总揽一方军政、民政、财政和监察大权。观察使、节度使有判官、掌书记、推官等属官。节度使初设于边防重镇，后来内地普遍设置，形成藩镇割据的局面。宋代废藩镇制度，节度使只是优宠将帅大臣和宗室勋戚的虚衔。另分全国为若干路，各路设转运使等官，掌一路财赋等事。

　　宋代县以上的行政单位是州，州政由中央派员前往管理，称为"知某州军州事"（"军"指地方军队，"州"指民政），简称知州。州有通判，号称监州官，不似后世一般的副职。州的属官有判官管行政，有推官管司法。和州平行的还有府、军、监，设官和州大致相同。

宋代没有太守，刺史也是虚衔。欧阳修知滁州时写《醉翁亭记》提到太守，写《丰乐亭记》提到刺史，都是沿用前代的旧称。

元代地方最高行政机构是行中书省，体制类似中央，也有丞相、参知政事等官。明初沿袭元制，后改称承宣布政使司，简称布政司，但习惯仍称为"省"，长官为左、右布政使，掌一省之政。明代有战事时，派朝臣出巡地方，处理军务，称为巡抚。遇有军事问题牵连几省，巡抚不能解决时，则派总督处理。总督、巡抚都是临时差使，不算正式地方官。清代总督、巡抚才成为固定的"封疆大吏"，巡抚是省级的最高长官，总督则总揽一省或两三省的军民要政。这样，布政使就只管财政和人事，成了督、抚的下属了。

明、清一省分为数道，道下有府有州，府、州的长官称为知府、知州。其佐贰，府有同知、通判等，州有州同（同知）、州判等。有两种州：直隶州略等于府；散州隶属于府，和县相当。

品阶勋爵

品

古代把职官分为若干等级，通称为品。汉代以禄石多寡作为官位高低的标志。例如九卿是中二千石，刺史、太守之类是二千石，县令是千石到六百石，禄石不同，月俸收入不同。曹魏时，职官分为九品，一品最高，九品最低。隋唐时，九品又分正、从，自正四品起，每品又分上、下二阶，共有三十级。明、清加以简化，九品只各分正、从，共十八级。隋、唐时，九品以内的职官称为流内，九品以外的职官称为流外。流外官经过考铨转授流内官，唐代称为入流。清代不列入九品之内的官称为未入流。

阶

隋代把有职务的官称为职事官，没有职务的官称为散官。唐代把前代散官官号加以整理和补充，并重新规定品级，作为标志官员身份级别的称号，称为阶，通称为阶官。例如文官阶是：从一品称开府仪同三司，正二品称特进，从二品称光禄大夫，等等。六品以下的文官阶称郎，例如正六品上称朝议郎，正六品下称承议郎，等等。唐代又采取前代各种将军和校尉的官号作为武官阶，这里不再叙述。后来宋、元、明、清都有阶官，只是名称和品级不尽相同而已。

唐、宋时，一个人在某一时期的阶官品级，和当时所任的职事官的品级不一定相同。阶官高于职事官，则在职事官上加"行"字；阶官低于职事官，则在职事官上加"守"字；阶官比职事官低二品，则加"试"字。

勋

唐代又采取前代某些散官官号略加补充，作为酬赏军功的勋号，称为勋，通称为勋官。有上柱国、柱国、上护军、护

1784年日本志贺岛叶崎（今福冈市）出土的"汉委奴国王"金印

军、轻车都尉、骁骑尉等等，共十二级。后代沿袭唐制，只是品级略有不同。明代有文勋、武勋，武官勋号和前代基本相同，文官勋号除"柱国"外，还有正治卿、资治尹之类。清代勋和爵就合而为一了。

爵

旧说周代封爵有公、侯、伯、子、男五等。汉代封爵实际上只有王、侯二等。皇子封王，相当于先秦的诸侯，所以通称诸侯王。汉初异姓也封王，后来"非刘氏不王"，异姓受封者通称列侯。汉武帝以后，诸侯王得在王国境内分封庶子为侯，也是列侯性质（称为王子侯）。汉代列侯食邑一般是县，有的是乡、亭，视所食户数多寡而定，所以后来有乡侯、亭侯之称。三国以后，历代封爵制度不尽相同，但是同姓封王基本一致，异姓则一般封为公、侯、伯、子、男。异姓也有封王的，例如杨坚（隋文帝）初仕北周，封随公，后来封为随王。李渊（唐高祖）

初仕隋，封唐公，后来封为唐王。唐代郭子仪有军功，封为汾阳王。晋、宋以后，爵号加"开国"字样以示尊贵。例如乐安郡开国公，曲阜县开国子，称为开国爵。不加"开国"的，称为散爵。封地虽说有郡有县，但是后来都成了虚名。宋代所谓食邑若干户，并不表示实际的赋税收入。宋代所谓食实封，早期是实际赋税收入，到了南宋也变成虚数。明、清皇室封爵，和异姓封爵不同，这里不再细说了。

第六章　科举

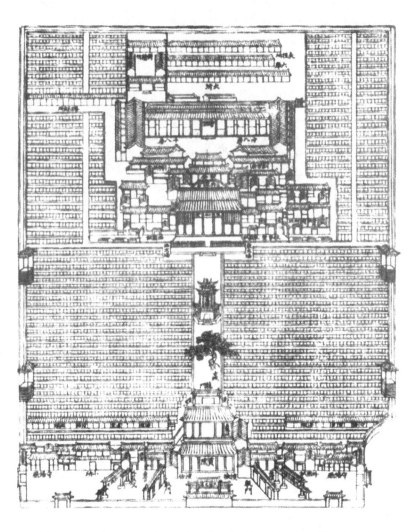

清光绪十二年（1886）时的顺天贡院全景（《清代科举图鉴》第149页）

古有乡举里选之说。《周礼·地官司徒·乡大夫》讲到三年举行一次"大比"（先秦士以上阶层世袭，士以下靠选举，这就是"大比"），以考查乡人的"德行道艺"，选拔贤能的人才。《礼记·王制》提到"乡论秀士"，经过逐级选拔，有所谓俊士、进士等名称。《礼记·射义》还提到诸侯贡士于天子。这些说法虽然不能证明先秦确有贡举制度，但是后世科举制度上的一些做法和用语，有的是从这里来的。

察举、策问

汉代为了选拔统治人才，有察举的制度。汉高祖下过求贤诏，汉文帝也曾下诏察举贤良方正直言极谏之士，汉武帝又诏令天下察举孝廉和茂材。茂材就是秀才（优秀的人才），据说后因避东汉光武帝讳才改称茂才的（《史记·屈原贾生列传》张守节《正义》引应劭〔shào〕云"避光武改茂才也"）。汉昭帝以后，举士包括多方面的人才。东汉承袭旧制。一

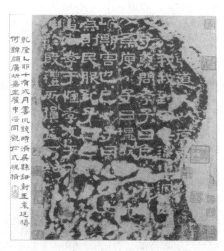

刻成于东汉熹平四年（175）的熹平石经残石拓片（宋拓，北京故宫博物院藏）

般说来，西汉以举贤良为盛，东汉以举孝廉为盛。但是东汉桓帝、灵帝以后，"举秀才，不知书；察孝廉，父别居"（见《抱朴子·审举》。秀才本应贤良，而连字都不认得；孝廉本应孝廉，而察举的却是与父不同居的不孝之子）。可见当时的察举已经很滥了。

汉代被荐举的吏民，经过皇帝"策问"后按等第高下授官，有所谓"对策"和"射策"。"对策"是将政事或经义方面的问题写在简策上发给应举者作答；"射策"则类似抽签考试，由应举者用矢投射简策，并解释射中的简策上的疑难问题（见《汉书·萧望之传》颜师古注、《唐摭〔zhí〕言》卷一。但是《文心雕龙·议对》篇说，射策是"言中理准，譬射侯中的"，这是对射策的另一种解释）。后来"策问"的形式定型化了，所以后世把它看成为一种文体，萧统《文选》称之为"文"（《文选》著录了王融、任昉所拟的策秀才文共十三首）。"对策"也被认为是一种文体，简称为"策"，刘勰《文心雕龙·议对》篇说是"议"的别体。汉代董仲舒的对贤良策，是这种文体的名篇。至于"射策"，后来则成了一个典故，杜甫《醉歌行》说："只今年才十六七，射策君门期第一"，就是在应举考试的意义上运用这个典故的。

魏晋以后，地方察举孝廉、秀才的制度基本未废。所以李密《陈情表》说："前太守臣逵，察臣孝廉；后刺史臣荣，举臣秀才。"魏晋南北朝有所谓九品官人法，各州、郡都设中正官，负责品评当地人物的高低，分为上上、上中直到下下九品。这种制度本来是为了品评人才的优劣，以便选人授官，但是后来由于担任中正的都是"著姓士族"，人物品评全被豪门贵族所操纵，"上品无寒门，下品无势族"，九品实际上成了门第高低的标志了。

明经、进士

隋废九品中正，设进士、明经二科取士。唐承隋制，并增设明法、明字、明算诸科，而以进士、明经二科为主。进士科重文辞，明经科重经术。唐高宗、武则天以后，进士科最为社会所重，参加进士科考试被认为是致身通显的重要途径。进士科以考诗赋为主，此外还考时务策等。诗赋的题目和用韵，都有一定的规定。诗多用五言六韵（近代变为五言八韵），有一定的程式，一般称为试帖诗。例如韩愈的《学诸进士作精卫衔石填海》一诗，就是这种体裁的作品。

唐代取士由地方举送中央考试，称为乡贡。被举送应试的人通称为举人。唐人常说"举进士"，例如韩愈《讳辩》说"愈与李贺书，劝贺举进士"，意思是应举参加进士科的考试，这种人在唐代就称为进士。韩愈《送孟秀才序》说"京师之进士以千数，其人靡所不有"，就是指当时应举参加进士科考试的人说的。唐初设有秀才科，不久即废，但是唐人后来仍通称应进士科考试的人为秀才（见李肇《唐国史补》卷下）。由此可见，唐代进士、举人和秀才的概念与后世不同（参看下文清代的科举制度）。

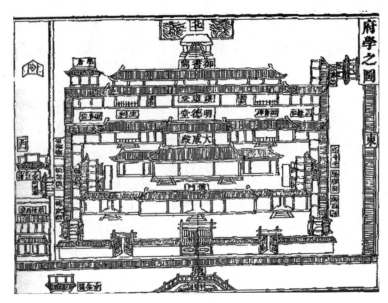

唐代的府学图

唐代的放榜图（唐代一般每年都设科取士。一般是正月考试，二月放榜）

唐代中央主持科举考试的机关是礼部，考官通常由礼部侍郎担任，称为知贡举。唐初考官由吏部考功员外郎担任，开元中改由礼部侍郎担任。礼部侍郎缺人，由他官主考，称为权知贡举。唐人有关科举考试的文章常常讲到有司、主司等，都指考官而言。参加进士科考试要请当世显人向考官推荐奖誉，才有及第（及格）的希望。及第以后称考官为座主、为恩门，对座主则自称门生。同科及第的人互称为同年。

　　唐人进士及第第一名称为状头或状元。同榜的人在长安慈恩寺雁塔题名，称为题名会。宴会于曲江亭子，称为曲江会。又遍游名园，以同榜少年二人为"探花使"，探采名花。

　　唐人进士及第后尚未授官称为前进士，还要参加吏部"博学宏词"或"拔萃"的考选，取中后才授予官职（《新唐书·选举志下》"选未满而试文三篇谓之'宏辞'，试判三条谓之'拔萃'，中者即授官"）。韩愈《柳子厚墓志铭》说，柳宗元"虽少年，已自成人，能取进士第"，"其后以博学宏词，授集贤殿正字"。白居易进士及第后，因为取中"拔萃"，所以授秘书省校书郎。韩愈虽然进士及第，但是由于应吏部考选未中，未能得官。为此，韩愈以"前乡贡进士"的名义，三次上书宰相求仕。

　　以上所说的进士、明经等科，通常每年都举行考试。此外唐代还有所谓制举，这是由皇帝特诏举行的考试，据说是要选拔特殊的人才。无论取中进士、明经等科与否，都可以应制举。考期不固定，科目由皇帝临时决定，有贤良方正能直言极谏科、才识兼茂明于体用科、文辞秀逸科、风雅古调科等等，

宋佚名《殿试图》

书生拜师图

前后不下百十种。这些称为制科。唐代博学宏词科本来也是制科，开元十九年（731）以后改为吏部选人的科目，每年举行考试（见上文。参看徐松《登科记考》凡例、卷五、卷七）。宋代制举恢复博学鸿词科，直到清代还有博学鸿词科。

宋代最初也以进士、明经等科取士。宋神宗时，王安石建议废明经等科，只保留进士科。进士科不考诗赋而改试经义，此外仍考论策（后来也间或兼考诗赋）。礼部考试合格后，再由皇帝殿试复审，然后分五甲（五等）放榜，授予官职。

清代科举

明清两代的科举制度大致相同。下面只就清代的科举制度加以简单的叙述。

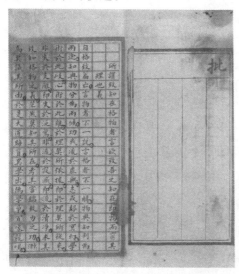

清代的文童试卷（《清代科举图鉴》第49页）

清人为了取得参加正式科举考试的资格，先要参加童试，参加童试的人称为儒童或童生，录取"入学"后称为生员（清代有府学、州学和县学，统称为儒学。儒学和孔庙在一起，称为学宫。生员"入学"后即受教官〔教授、学正、教谕、训导〕的管教。清初生员尚在学宫肄业，有月课和季考，后来变成有名无实了），又称为庠（xiáng）生，俗称秀才。这是"功名"的起点。

生员分为三种：成绩最好的是廪（lǐn）生，有一定名额，由公家发给粮食；其次是增生，也有一定名额；新"入学"的称为附生（廪生是廪膳生员的简称，明初生员每人每月皆由公家给粮食，所以称为廪生。后来名额增广，在增广名额中的生员称为增广生员，简称增生，增生不廪粮。明代府学、县学之外还有附学生员，简称为附生，清代沿用明代的旧称）。每年由学政考试，按成绩等第依次升降。

正式的科举考试分为三级：（1）乡试，（2）会试，（3）殿试。

乡试通常每三年在各省省城举行一次，又称为大比。由于是在秋季举行，所以又称为秋闱。参加乡试的是秀才（庠生），但是秀才在参加乡试之前，先要通过本省学政巡回举行的科考，成绩优良的才能选送参加乡试（由捐纳而取得监生〔国子监生员〕资格的〔所谓例监〕，也可以参加乡试）。乡试取中后称为举人，第一名称为解（xiè）元。

会试在乡试后的第二年春天在礼部举行，所以会试又称为礼闱、春闱。参加会试的是举人，取中后称为贡士，第一名称为会元。会试后一般要举行复试。

以上各种考试主要是考八股文和试帖诗等。八股文题目出自四书五经，略仿宋代的经义；但是措辞要用古人口气，所谓代圣贤立言。结构有一定的程式，字数有一定的限制，句法要求排偶，又称为八比文、时文、时艺、制艺。

殿试是皇帝主试的考试，考策问。参加殿试的是贡士，取

清代盖有贡院关防的魁星像
（《清代科举图鉴》第13页）

中后统称为进士。殿试分三甲录取，第一甲赐进士及第，第二甲赐进士出身，第三甲赐同进士出身。第一甲录取三名，第一名俗称状元，第二名俗称榜眼，第三名俗称探花，合称为三鼎甲。第二甲第一名俗称传胪（lú）。

状元授翰林院修撰，榜眼、探花授翰林院编修。其余诸进士再参加朝考，考论诏奏议诗赋，选擅长文学、书法的为庶吉士，其余分别授主事（各部职员）、知县等（实际上，要获得主事、知县等职，还须经过候选、候补，有终身不得官者）。庶吉士在翰林院内特设的教习馆（亦名庶常馆）肄业三年期满后举行"散馆"考试，成绩优良的分别授翰林院编修、翰林院检讨

清光绪二十九年（1903）癸卯科会试同年名单（《清代科举图鉴》第109页）

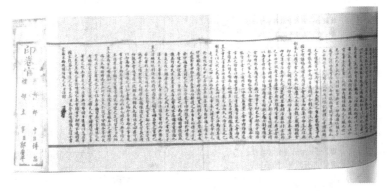

清光绪十八年（1892）蔡元培的殿试卷（《清代科举图鉴》第121页）

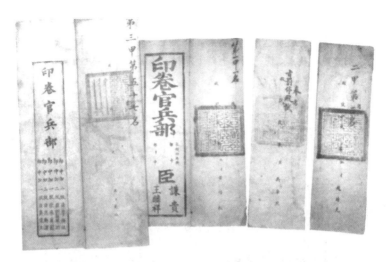

清光绪六年（1880）武科殿试试卷（《清代科举图鉴》第198页）

清咸丰六年（1856）翁同龢（hé）的泥金捷报和状元喜帐（《清代科举图鉴》第121页）

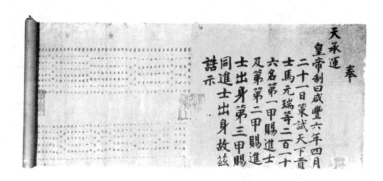

清咸丰六年（1856）的殿试大金榜（《清代科举图鉴》第127页）

清光绪三年（1877）的武科大金榜（《清代科举图鉴》第199页）

清咸丰六年（1856）翁同龢的"状元"匾（《清代科举图鉴》第130页）

清代的"探花"（道光二年罗文俊）、"传胪"（光绪二十九年黎湛枝）匾
（《清代科举图鉴》第138页）

（原来是第二甲的授翰林院编修，原来是第三甲的授翰林院检讨），其余分发各部任主事，或分发到各省任知县。

　　附带说一说贡生。清代有岁贡、恩贡、拔贡、副贡。每一年或两三年由地方选送年资长久的廪生入国子监肄业的，称为岁贡。逢国家庆典进贡的生员，称为恩贡。每三年各省学政就本省生员择优保送国子监的，称为优贡。每十二年各省学政考选本省生员择优保送中央参加朝考合格的，称为拔贡。乡试取入副榜直接送往国子监的，称为副贡。

　　科举还有武科一类。唐朝武则天时代就开始有武举了，后代相沿，直到清代还有武科考试，这里不细说了。

　　科举是封建时代最高统治阶层收买士人为之服务的一种手段，汉代的察举也是同样的性质。封建皇帝并不隐讳这

1910年时的江南贡院明远楼（《清代科举图鉴》第127页）

一点,汉高祖十一年(前196)下诏说:"贤士大夫有肯从我游者,吾能尊显之。"(见《汉书·高帝纪》)汉武帝元封五年(前106)下诏说:"夫泛驾之马,跅(tuò)弛之士,亦在御之而已。"(见《汉书·武帝纪》。跅弛,放任无检束)《唐摭言》记载唐太宗"尝私幸端门,见新进士缀行而出,喜曰:'天下英雄入吾彀中矣。'"(见《唐摭言》卷一《述进士上篇》)知识分子热衷于功名利禄者,把科举当作入仕的途径,因此也就甘心受人收买和笼络,虽老死于科场亦无所恨。"太宗皇帝真长策,赚得英雄尽白头"(见《唐摭言》卷一《散序进士》),一千多年以前,早就有人揭露了科举制度的阴暗面了。

第七章　姓名

姓与氏

上古有姓有氏。姓是一种族号，氏是姓的分支。不少古姓如姜、姬、姚、嬴（yíng）、姒（sì）等都加女旁，这暗示先民曾经经历过母权社会。后来由于子孙繁衍，一族分为若干分支散居各地，每支有一个特殊的称号作为标志，这就是氏（按：以上所说有待未来考古学澄清其错误。我们这里仅指出，对原文不做改动）。例如旧说商人的祖先是子姓，后来分为殷、时、来、宋、空同等氏。这样，姓就成了旧有的族号，氏就成了后起的族号了。《通鉴·外纪》说"姓者统其祖考之所自出，氏者别其子孙之所自分"，可见姓和氏是既有区别又有联系的。

周代的姓氏制度和封建制度、宗法制度有密切联系。贵族有姓氏，一般平民没有姓氏。贵族中女子称姓，男子称氏，这是因为氏是用来"明贵贱"的，姓是用来"别婚姻"的，二者的作用不同。

周王室及其同姓封国如鲁、晋、郑、卫、虞、虢（guó）、吴、燕等国都是姬姓；异姓封国如齐是姜姓、秦是嬴姓、楚是芈（mǐ）姓、宋是子姓、越是姒姓，等等。上古同姓不婚，贵族妇女的姓比名更为重要，待嫁的女子如果要加以区别，则在姓上冠以孟（伯）、仲、叔、季，表示排行。例如：

孟姜　　伯姬　　仲子　　叔姬　　季芈

出嫁以后如果要加以区别，就采用下列几种方法：

1.在姓上冠以所自出的国名或氏。例如：

　　齐姜　晋姬　秦嬴　陈妫（guī）　国姜（国，氏）

2.嫁给别国的国君，在姓上冠以配偶受封的国名。例如：

　　秦姬　芮姜　息妫　江芈

3.嫁给别国的卿大夫，在姓上冠以配偶的氏或邑名。例如：

　　赵姬（赵衰妻）　　孔姬（孔圉〔yǔ〕妻）
　　秦姬（秦遄〔chuán〕妻）　　棠姜（棠公妻；棠，邑名）

　　4.死后在姓上冠以配偶或本人的谥（shì）号（谥号，下文就要讲到）。例如：

　　武姜（郑武公妻）　昭姬（齐昭公妻）
　　共姬（宋共公妻）　敬嬴（鲁文公妃）
　　文姜（鲁桓公妻）　齐归（鲁昭公母）

　　氏的情况比较复杂。诸侯以受封的国名为氏（此从旧说。顾炎武《亭林文集》卷一《原姓》篇认为国君无氏，不称氏，称国）。例如：

郑捷（郑文公）　蔡甲午（蔡庄公）
齐环（齐灵公）　宋王臣（宋成公）

卿大夫及其后裔则以受封的邑名为氏。例如：

屈完　知罃（yīng）　羊舌赤　解（xiè）狐

或以所居的地名为氏。例如：

东门襄仲　北郭佐　南宫敬叔　百里孟明视

或以官名为氏。例如：

卜偃　祝鮀（tuó）　司马牛　乐（yuè）正克

古人还有以祖先的字或谥号为氏的。例如：

孔丘（宋公孙嘉之后，嘉字孔父）
仲孙阅（鲁公子庆父之后，庆父字仲）
叔孙得臣（鲁公子牙之后，牙字叔）
季孙肥（鲁公子友之后，友字季）

庄辛（楚庄王之后）

此外还有以技为氏的，如巫、陶、甄等。

关于姓氏，有几点需要提出来说一说。

第一，上古称呼妇女可以在姓下加"氏"字。例如武姜被称为姜氏、敬嬴被称为嬴氏、骊（lí）姬被称为姬氏，等等。

第二，在某些情况下，族和氏是同义词。《春秋·成公十四年》"叔孙侨如如齐逆女"，《左传》说："称族，尊君命也。"《春秋》在下文说"侨如以夫人妇姜氏至自齐"，《左传》说："舍族，尊夫人也。"这里所谓称族、舍族，指的是称叔孙，不称叔孙，可见族就是氏。《战国策·秦策二》："昔者曾子处费，费人有与曾子同名族者而杀人"，这里的族也就是氏的意思。

第三，战国以后，人们以氏为姓，姓、氏逐渐合而为一，汉代则通谓之姓（参看顾炎武《日知录》卷二十三。钱大昕《十驾斋养新录》卷十二"姓氏"条则认为"盖三代以前，姓与氏分；汉魏以后，姓与氏合"），并且自天子以至于庶人，就都能有姓了。

第四，后世有非汉族的复姓。例如长孙、万俟、宇文、慕容、贺兰、独孤、拓跋、尉迟、呼延、秃发、乞伏、仆固、哥舒，等等。

名与字

    古人有名有字。旧说上古婴儿出生三月后由父亲命名,男子二十岁成人举行冠礼(结发加冠)时取字,女子十五岁许嫁举行笄(jī)礼(结发加笄)时取字。名和字有意义上的联系。例如屈原,名平,字原(《尔雅·释地》"广平曰原")。又如颜回,字子渊(《说文》:"渊,回水也。"回是旋转的意思)。有的名和字是同义词,例如宰予,字子我;樊须,字子迟(须和迟都有待的意思)。有的名和字是反义词,例如曾点,字皙(xī。《说文》:"点,小黑也。"引申为污的意思。又"皙,人色白也")。有时候我们看不出名和字的联系,这主要是因为语义变迁的缘故。

    周代贵族男子字的前面加伯、仲、叔、季表示排行,字的后面加"父(fǔ)"或"甫"字表示性别,这样构成男子字的全称。例如:

        伯禽父   仲山甫   仲尼父   叔兴父

有时候省去"父"(甫)字。例如:

        伯禽   仲尼   叔向   季路

有时候省去排行。例如:

禽父　尼父　羽父

有时候以排行为字。例如管夷吾字仲,范雎字叔,鲁公子友字季,不过这种情况比较少见。

周代贵族女子字的前面加姓,姓的前面加孟(伯)、仲、叔、季表示排行,字的后面加"母"或"女"字表示性别,这样构成女子字的全称。例如孟妊(rén)车母(见《铸公簠〔fǔ〕》),中姞(jí)义母(见《仲姞匜》,中即仲字),等等。有时候省去"母"字,例如季姬牙(见《鲁大宰原父盘》);有时候省去排行,例如姬原母(见《应侯簋》);有时候单称"某母"或"某女",例如寿母(见《鲁生鼎》),帛女(见《帛女鬲》)。但是最常见的是在姓上冠以排行,例如孟姜、叔姬、季芈,等等(见前)。

春秋时男子取字最普通的方式是在字的前面加上"子"字,这是因为"子"是男子的尊称。例如:

子产(公孙侨)　　子犯(狐偃〔yǎn〕)　　子胥(伍员)

子渊(颜回)　　　子有(冉求)　　　　　子夏(卜商)

子我(宰予)　　　子贡(端木赐)

这个"子"字常常省去,直接称颜渊、冉有、宰我,等等。

附带说一说,古人名、字连着说的时候,通常是先称字,后称名(汉代以后,也可以名在前,字在后。例如《汉书》卷七十二有唐林〔名〕子高〔字〕。唐尊〔名〕伯高〔字〕；又王安石《游褒禅山记》有萧君圭〔名〕君玉〔字〕等）。例如孟明（字）视（名）、孔父（字）嘉（名）、叔梁（字）纥（名），等等。

　　古人尊对卑称名，卑自称也称名；对平辈或尊辈则称字（称字不是最尊敬的方式，最尊敬的方式是不称名也不称字。例如孔子，在《论语》二十篇中，只有《子张》篇称孔子为仲尼）。试以《论语》为例，孔子自称为丘，这是谦称。孔子对弟子称名。例如：

　　　　求，尔何如？（《论语·先进》）
　　　　赤，尔何如？（同上）

弟子自称也称名。例如：

　　　　由也为之，比及三年……（《论语·先进》）
　　　　求也为之，比及三年……（同上）

弟子当着老师称呼其他弟子也称名。例如：

　　　　夫子何哂（shěn）由也？（《论语·先进》）

记录《论语》的人对孔门弟子一般都称字。例如：

颜渊、季路侍。(《论语·公冶长》)

子路、曾皙、冉有、公西华侍坐。(《论语·先进》)

只有对曾子称子不称字，对有若也有一次称子不称字，所以有人推想《论语》是曾子和有若的门人所记的。直到后代，称名、称字基本上还是依照这个标准。

后人通常用两个字为字。例如诸葛亮字孔明，陆机字士衡，鲍照字明远，等等。除名和字外，还有别号（别字）。别号和名不一定有意义上的联系。这大致可以分为两类：第一类是三个字以上的别号。例如葛洪自号抱朴子，陶潜自号五柳先生，苏轼自号东坡居士；第二类是两个字的别号。例如王安石字介甫，别号半山；陆游字务观，别号放翁。两个字的别号和字，在应用上没有什么显著的区别，甚至不大称字，反而以称号为常（如陆放翁）。三个字以上的别号，有时候也可以压缩为两个字。例如苏东坡。

后来有人以为称字、称号还不够尊敬，于是称官爵、称地望（出生地或住地）。例如杜甫被称为杜工部，王安石被称为王临川。

此外，唐代诗文还常常见到以排行相称，或以排行和官职连称。例如白居易被称为白二十二，李绅被称为李二十侍郎。唐代女子也有被称为廿几娘的。这种排行是按照同曾祖兄弟的长幼次序来排算的，并不是同父所生的兄弟排行，这是值得注意的。

谥号

古代帝王、诸侯、卿大夫、高官大臣等死后,朝廷根据他们的生平行为给予一种称号以褒贬善恶,称为谥(shì)或谥号。据说谥号是死者生前事迹和品德的概括,其实,这往往是虚伪的,不符合事实的。但是一个人有了谥,就等于在名字之外又多了一个别名了。

谥法是给予谥号的标准。谥号是固定的一些字,这些字被赋予特定的涵义,用来指称死者的美德、恶德等。谥号大致可以分为三类:

1.表扬的。例如:

经纬天地曰文　　　　布义行刚曰景

威强叡(ruì)德曰武　　柔质慈民曰惠

圣闻周达曰昭　　　　圣善闻周曰宣

行义悦民曰元　　　　安民立政曰成

布纲治纪曰平　　　　照临四方曰明

辟土服远曰桓　　　　聪明睿知曰献

温柔好乐曰康　　　　布德执义曰穆

2.批评的。例如:

乱而不损曰灵　　好内远礼曰炀(yáng)

杀戮无辜曰厉

（"灵"是无道昏君的谥号，所谓"乱而不损"，只是带着隐讳的说法。晋灵公不君，所以谥为灵公）

3.同情的。例如：

恭仁短折曰哀　　在国遭忧曰愍（mǐn）
慈仁短折曰怀

上古谥号多用一个字，也有用两三个字的。例如：

周平王　　郑武公　　　　齐桓公
秦穆公　　魏安釐（xī）王　赵孝成王
贞惠文子

后世谥号除皇帝外，大多用两个字。例如：

宣成侯（霍光）　　忠武侯（诸葛亮）
文忠公（欧阳修）　武穆王（岳飞）

此外还有私谥，这是有名望的学者死后，其亲友门人所加的谥号。例如东汉时陈寔（shí）死后，海内赴吊者三万余人，谥为文范先生；晋代陶渊明死后，颜延年为他作诔（lěi），谥为靖节徵士；宋代张载死后，门人谥为明诚夫子。

封建皇帝在谥号前面还有庙号。从汉代起，每个朝代的第一个皇帝一般称为太祖、高祖或世祖，以后的嗣（sì）君则称为太宗、世宗，等等（嗣君也有称世祖、太祖的，这有别的原因，这里没有必要叙述。又，汉代不是每个皇帝都有庙号的，要"有功""有德"的，才被称为"祖""宗"。南北朝时称"宗"已滥，到唐代就无帝不"宗"了）。举例来说，汉高祖的全号是太祖高皇帝，汉文帝的全号是太宗孝文皇帝（汉惠帝以后一律加一个"孝"字，算是谥号的一部分），汉武帝的全号是世宗孝武皇帝，魏文帝的全号是世祖文皇帝，隋文帝的全号是高祖文皇帝，等等。

从唐代起，皇帝还有尊号，这是生前奉上的（尊号起于唐武后、中宗之世。见司马光《司马文正集》中的《请不受尊号札子》）。例如唐玄宗开元二十七年（739）受尊号为开元圣文神武皇帝，宋太祖乾德元年（963）受尊号为应天广运仁圣文武至德皇帝。尊号可以上好几次，都是尊崇褒美之词，实际上是阿谀奉承（帝后也有尊号，后来称为徽号。例如清代同治尊自己的生母那拉氏为圣母皇太后，上徽号曰慈禧。徽号可以每逢庆典累加，所以那拉氏的徽号积累有慈禧等十六个字）。也有死后上尊号的。例如唐高祖死后，到天宝十三载（754）上尊号为神尧大圣大光孝皇帝。这种死后所加的尊号，也可以说是谥号，这样，谥号的字数就加多了。唐以前对殁（mò）世的皇帝简称谥号（如汉武帝、隋炀帝），不称庙号；唐以后由于谥号加长，不便称呼，所以改称庙号（如唐玄宗、宋太祖）。

年号

年号，是封建皇帝纪年的名号。年号是从汉武帝开始有的，汉武帝即位的一年（前140）称为建元元年，第二年称为建元二年，等等。新君即位必须改变年号，称为"改元"。同一皇帝在位时也可以改元，例如汉武帝曾经改元为元光、元朔、元狩、元鼎、元封、太初、天汉、太始、征和（有人说征和当作延和，形近而误）等。明、清两代的皇帝基本上不改元，因此有可能用年号来称谓皇帝。例如明世宗被称为嘉靖皇帝，清高宗被称为乾隆皇帝，等等。

避讳

最后简单地谈谈避讳的问题。

所谓避讳就是不直称君主或尊长的名字，凡遇到和君主、尊长的名字相同的字面，则用改字、缺笔等办法来回避，其结果往往造成语文上的若干混乱（避讳起源于秦以前，汉初尚宽，后来渐渐严格起来）。

试举一些例子：

汉高祖名邦，"邦"改为"国"。《论语·微子》"何必去父母之邦"，汉石经残碑作"何必去父母之国"。

汉文帝名恒，"恒"改为"常"。恒山被改为常山。

唐太宗名世民，"世"改为"代"或改为"系"，"民"改为"人"。"三世"称为"三代"，《世本》改称《系本》，柳宗元《捕蛇者说》把"民风"写成"人风"。

唐高宗名治，"治"改为"理"，或改为"持"或"化"。韩愈《送李愿归盘谷序》把"治乱不知"写成"理乱不知"；李贤把《后汉书·曹褒传》"治庆氏礼"改成"持庆氏礼"，把《后汉书·王符传》"治国之日舒以长"改成"化国之日舒以长"。

清圣祖（康熙）名玄烨（yè），"玄"改为"元"，"烨"改为"煜（yù）"。我们读清人著作或清刻的古书时应该注意，许多地方本来应该是玄字的，如玄鸟、玄武、玄黄等，都写成了元。

以上是避君讳的例子。此外，文人还避家讳。例如：

淮南王安的父亲名长，"长"改为"修"。《老子》"长短相形"，《淮南子·齐俗训》引改为"短修相形"。

苏轼的祖父名序，苏洵文章改"序"作"引"，苏轼为人作序又改用"叙"字。

上古不讳嫌名。所谓嫌名是指和君主或尊长的名字音同或音近似的字。例如汉和帝名肇，"肇""兆"同音，由于不讳嫌名，所以不改变"京兆"字。三国以后渐渐避嫌名了，隋文帝的父亲名忠，因为"忠""中"同音，所以连带避"中"字，"中"改为"内"，官名"中书"改为"内史"，就是讳嫌名的例子。

由于避讳，甚至改变别人的名或姓。汉文帝名恒，春秋时的田恒被改称田常；汉景帝名启，微子启被改称微子开；汉武帝名彻，蒯（kuǎi）彻被改称蒯通；汉明帝名庄，庄助被改称严助。刘知幾著《史通》，后人因避唐玄宗李隆基讳（基、幾同音），改为刘子玄所著（子玄是刘知幾的字）。到了清代，为了避清圣祖讳，又恢复刘知幾著，但是当提到刘子玄的时候，则改称刘子元。地名、官名等也有不少由于避讳而改变的，这里不一一举例了。

以上说的是避讳改字。至于避讳缺笔，则是到唐代才有的。例如避唐太宗李世民讳，"世"字作"卅"；避宋真宗赵恒讳，"恒"字作"恒"；避清世宗讳，"胤"字作"胤"；避清宣宗讳，"宁"字作"宀"；避孔子讳，"丘"字作"匚"，等等。

第八章　礼俗

1958年陕西宝鸡北首岭（仰韶文化半坡类型）遗址出土新石器时代酉瓶（酉瓶就是装酒的，这种装酒的酉瓶在仰韶文化时期被视为"神器"）

甘肃陇西出土新石器时代（仰韶文化马家窑类型）的酉瓶

礼俗是社会的上层建筑，它是和社会的经济基础相适应的。只要人类社会存在着权力与财富的分化，就必然有礼俗。

在这个题目下，我们不能全面叙述上古的礼俗，只能谈谈几个重要的方面。

阶级、阶层

尧舜禅让的传说，与原始公社制的阶段相符合；夏禹不传贤而传子，可以认为原始公社制的瓦解。夏代是否已经达到奴隶制，还不得而知。至于殷代，可以确实断定是奴隶社会了。

依照古代史的研究者的一般结论，最初所谓"众""奚""仆""臣""妾"都是奴隶。臣是男奴隶，妾是女奴隶。周初的社会还存在着大量的奴隶，周天子常常拿奴隶赏赐给他的大臣。奴隶有在室内劳动的，但是他们的主要劳动还是农业生产。有人说《诗经·周颂·噫(yī)嘻》篇说的"亦服尔耕，十千维耦"，指的就是两万奴隶在那里耕田。《尚书·牧誓》说到"臣妾逋(bū)逃"，是指的奴隶逃亡。

周代的奴隶还可以像牛马一样在市场上贩卖。《周礼·地官司徒·质人》："质人掌成市之货贿、人民、牛马、兵器、珍异。"郑玄注："人民，奴婢也。"贩卖成交后，要订立合同。这种合同叫做"质剂"。依郑玄说：人民、牛马的合同叫"质"，兵器、珍异的合同叫"剂"。

奴隶还可以被当作牲畜来屠杀，这表现在上古的殉葬制

1987年浙江余杭瑶山一号墓出土新石器时代良渚文化玉镯（玉镯上四个兽首，表现的是蚩尤的头像）

1972年湖南长沙马王堆一号汉墓出土T型帛画（局部）蚩尤图（传说黄帝大败蚩尤，以其头颅做成"蚩尤旗"以儆天下，定礼制"垂衣裳而天下治"）

度上。《墨子·节葬下》："天子杀殉，众者数百，寡者数十。将军、大夫杀殉，众者数十，寡者数人。"在殷代，这话完全合乎事实。到了周代，虽然此风稍衰（这不是由于仁慈，而是由于人力可贵），但是在某些国度仍然是盛行的。例如秦国，据《史记·秦本纪》所载，秦武公葬时，从死者六十六人。秦穆公葬时，从死者一百七十七人（包括《诗经·秦风·黄鸟》所悼念的三良在内）。又据《史记·秦始皇本纪》所载，秦始皇葬时，秦二世令后宫（妃嫔等）无子者一律"从死"，"死者甚众"。而且把工匠都关闭在陵墓里。古代统治阶层的这种淫威，至今还令人发指。

商代的贵族被总称为"百姓"（"百姓"，金文写作"百生"。后来周人称商的贵族为"殷多士"）。商王是贵族最高的

秦始皇陵兵马俑（1974年发现于陕西西安临潼区秦始皇陵以东1500米处。是古代人殉制度的遗存。兵马俑即制成兵马［战车、战马、士兵］形状的殉葬品）

代表，自称为"余一人"（"余一人"见于甲骨文，古书上写作"予一人"）。《论语·尧曰》引《尚书·泰誓》篇的话说："百姓有过，在予一人。"可见周初还这样称呼。后来百姓成为民的同义词，民在古代又称为黎民，秦国则称为黔（qián）首。

商代王位的继承是兄终弟及，无弟然后传子。周代王位由嫡（dí）长子世袭，余子分封为诸侯（也有异姓功臣封为诸侯的）。诸侯的君位也由嫡长子继承，余子分封为卿大夫。诸侯受封国于天子，卿大夫受采邑于诸侯。卿大夫下面是士（大体是大夫的宗族），士受禄田于卿大夫。周天子有天下，诸侯有国，卿大夫有家。家是卿大夫统治的区域，担任家的官职的通常是士，称为家臣。孔子的学生冉有、季路，就担任过季康子的家臣。

《左传·昭公七年》说："王臣公，公臣大夫，大夫臣士。"这样，形成统治阶层内部的分级。春秋以前士是武士，有义务"执干戈以卫社稷（jì）"；春秋以后士是文士，士逐渐成了注重个人尊严、有使命感的知识分子的通称。

士的下面是庶人，又称庶民。西周时，庶人虽然还是用来封赐的对象，但是庶人的身份比奴隶为高，以后庶人就逐渐成为个体农民了。《荀子·王制》篇说："君者，舟也；庶人者，水也。水则载舟，水则覆舟。"可见庶人的向背，直接关系到上层统治阶层的安危。

君子、小人也是两个相对立的概念，最初君子是贵族统治阶层的通称，小人是被统治阶层的通称，后来以所谓有德无德来区别君子和小人。

冠礼

据近人研究，氏族社会的男女青年到达成熟期后必须参加
"成丁礼"，才能成为氏族公社的正式成员，才能享受应有的
权利和履行应尽的义务。周代的冠礼（加冠仪式），就是由这种
"成丁礼"变化来的。

周代贵族男子二十岁时，由父亲在宗庙里主持冠礼。行
礼前先筮（shì）日（选定加冠的日期）、筮宾（选定加冠的来

西汉贵妇盛装出行图（1972年长沙马王堆一号汉墓出土T型帛画局部。华盖
下，一老年贵夫人拄杖而立，她前边有二戴刘氏冠的男子在跪献某物，后有
三婢女相送）

宾）。行礼时由来宾加冠三次：先加缁（zī）布冠，表示从此有治人的特权；次加皮弁（biàn），表示从此要服兵役；最后加爵弁，表示从此有权参加祭祀（缁布冠是用黑麻布做的冠，皮弁是用白鹿皮做的，爵弁是赤黑色的平顶帽子，是祭祀时戴的）。来宾敬酒后，去见母亲，又由来宾取"字"，然后去见兄弟姑姊，最后戴礼帽、穿礼服、带礼品去见国君、卿大夫和乡先生。主人向来宾敬酒、赠礼品后，礼成。

贵族男子二十岁结发加冠后可以娶妻，贵族女子十五岁许嫁时举行笄（jī）礼后结发加笄。所谓结发，就是在头顶上盘成发髻（区别于童年的发式），表示年届"成人"，可以结婚了。《文选》卷二十九苏武诗说："结发为夫妻，恩爱两不疑。"可见这种风俗流传很久。

婚姻

"婚姻"有两个意思：一个意思是指男娶女嫁结为夫妻这件事情，另一个意思指结婚男女双方的父母。《说文》说，"妇家为婚，婿家为姻。"婚是女方的父母，姻是男方的父母（也有人认为婚、姻仅指结婚双方的父亲，不包含母亲）。"约为婚姻"的意思，就是"结为儿女亲家"。

春秋时代，诸侯娶一国之女为妻（嫡夫人），女方以侄（zhí。兄弟之女）娣（dì。妹妹）随嫁，此外还有两个和女方同姓的国家送女儿陪嫁，亦各以侄娣相从，这统称为"媵

（yìng）"。嫡夫人是正妻，媵是非正妻。媵的地位和妾不同，妾被认为是贱妾，是嬖（bì）人，而媵的身份还是比较尊贵的。战国时代就没有媵的制度了。

古代女子出嫁曰"归"。《说文》说："归，女嫁也。"《诗经·周南·桃夭》："之子于归，宜其室家。"可见出嫁的女子以男家为家。《白虎通·嫁娶》说："嫁者，家也。"可见"嫁"字本身就意味着"有家"。《白虎通·嫁娶》又说："娶者，取也。"《说文》也说："娶，取妇也。"《周易》和《诗经》就写成"取"，这表示男子把别家的女儿取到自己家里来。男尊女卑的风俗，由"嫁""娶"两字就可以证明。嫁对于女子来说是被动的，古代只说"嫁女"或"嫁妹"，不说"嫁夫"，可见嫁的权操在父兄之手。娶，对于男子来说是主动的，所以古代常说"娶妻""娶妇"（妇就是妻）。

《诗经》两次歌咏"取妻如之何？匪媒不得"（见《齐风·南山》《豳风·伐柯》，后者少一个"之"字），媒在古代婚姻中的作用非常大，多少青年男女的命运掌握在媒人的手里。

古代的婚姻，据说要经过六道手续，叫做六礼。第一是纳采。男家向女家送一点小礼物（一只雁），表示求亲的意思；第二是问名。男家问清楚女子的姓氏，以便回家占卜吉凶；第三是纳吉。在祖庙卜得吉兆以后，到女家报喜，在问名、纳吉时当然也要送礼；第四是纳征。这等于宣告订婚，所以要送比较重的聘礼，即致送币帛；第五是请期。这是择定完婚吉日，向女家征求同意；第六是亲迎。也就是迎亲。

六礼之中，纳征和亲迎最为重要。《诗经·大雅·大明》："文定厥祥，亲迎于渭。"旧说是周文王卜得吉兆纳征订婚后，亲迎太姒于渭滨，后世以"文定"作为订婚的代称。《礼记·昏义》谈到亲迎后新郎新娘"共牢而食，合卺（jǐn）而酳（yǐn）"（以一瓠〔hù〕分为两瓢谓之卺，新郎新娘各执一瓢而酳〔用酒漱口〕，称为合卺。后代合卺变为交杯，新郎新娘换杯对饮〔只做个样子〕）。后世夫妇成婚称为"合卺"，就是从这里来的。

　　以上所说的六礼，当然只是为贵族士大夫规定的，一般庶民对这六礼往往精简合并。

丧葬

　　人将死时叫做"属（zhǔ）纩（kuàng）"（《礼记·丧大记》）。属是放置的意思，纩是新絮（这里絮指的是蚕吐出的丝绵，不是我们今天概念的棉花）。新絮很轻，据说古人把新絮放在临终的人的口鼻上，试看是否断气。这不一定成为风俗，至多也只是个别地方的风俗罢了，但是"属纩"却成为临终的代称。

　　古人初死，生人要上屋面向北方为死者招魂，这叫作"复"，意思是招唤死者的灵魂回复到身体。复而不醒，然后办理丧事。

　　古人死后，要给他沐浴。这在《礼记·丧大记》里有记载。

1978年湖北随州战国曾侯乙墓出土彩绘内棺

西汉朱地彩绘棺（湖南长沙马王堆一号汉墓出土）

这个风俗持续到后世,《晋书·王祥传》记载王祥将死,戒其子曰:"气绝但洗手足,不须沐浴。"可见一般人死后是要沐浴的。

死后有"敛"(殓)的仪式。有小敛,有大敛。小敛是给尸体裹上衣衾(qīn),越是贵族,衣衾越多。大敛则是把尸体装进棺材。敛时死人口里须饭含,所以《战国策·赵策三》讲到"邹、鲁之臣,生则不得事养,死则不得饭含"(饭是把米放在死者口里。含又写作琀〔hán〕,是把玉放在死者口里)。

入殓后,停丧待葬叫做"殡(bìn)"。《论语·乡党》:"朋友死,无所归,曰:'于我殡。'"孔子的意思是说:"就在我家里停柩(jiù)吧!"《左传·僖公三十二年》:"冬,晋文公卒。庚辰,将殡于曲沃。"这是说把晋文公的灵柩送到曲沃停丧,还不是葬。据《春秋》《左传》,次年四月才葬晋文公的。后世所谓出殡,是把灵柩送到埋葬的地方去。

贵族出葬时还有许多排场,这里没有必要叙述。

送葬的规矩是白衣执绋(fú)。绋是拉柩车的绳子,执绋的原意是亲友们帮助拉车,实际上只有形式。后来出殡,在送殡人的行列两旁拉两根带子,那就是执绋的遗制。

挽歌据说最初是挽柩的人唱的。古乐府《相和曲》中的《薤(xiè)露》《蒿(hāo)里》都是挽歌,陶渊明有《挽歌诗》三首。后世的挽联,就是从挽歌演变来的。

下面说到葬。

上文说过,殷代奴隶主有人殉的制度。后世知道人力可

吊人青铜矛局部特写

1956年云南晋宁石寨山六号汉墓出土西汉吊人青铜矛（出土青铜矛墓葬的级别非常高，墓中还出土一枚黄金铸成的蛇钮金印"滇王之印"，说明墓主人为滇国国王，吊人铜矛乃是古滇国国家政治权力的象征）

1994年山西曲沃北赵村出土西周晚期的组玉佩

立于东汉永元四年（92）的袁安碑残石拓片（此碑为汉代为数不多的篆书碑刻。碑正中有一孔称为"穿"，是下葬时用来穿辘轳将棺材放入墓室之用。汉代以后，碑上无"穿"）

1978年湖北随州战国曾侯乙墓出土的玉晗

贵，改以"俑"来代替。俑是人偶，有木俑、土俑。后来孔子还反对用俑，孟子说："仲尼曰：'始作俑者，其无后乎！'为其象人而用之也。"（《孟子·梁惠王上》）

从殷代到战国，统治阶层还把生前使用的车马带到墓里去。其他随葬的物品是多方面的，包括青铜制的饮食器、兵器、乐器等，玉制、骨制的装饰品以及其他什物。越是贵族，随葬品就越多、越精美。也有一些专为随葬而做的"明器"（伴葬的器物）。汉代日常生活中的东西，被仿制成陶土模型随葬，明器的象征性就更加明显了（"明器"原写作"冥器"，"冥器"字面意思就是"随葬品"）。

上古贵族统治阶层的墓里大多有椁（guǒ。椁），椁是外棺，主要是用来保护棺材的，有的竟有三四重之多。《论语·先进》说，孔子的儿子孔鲤死后，"有棺而无椁"，可见椁不是一般人所能具备的。

以上所说的只是贵族士大夫的丧葬，至于庶人的丧葬，那完全是另一回事。即使是最节俭的丧葬，对于"匹夫贱人"来说，已经是"殆竭家室"。庶人死了至多只能"稿葬"（草草安葬），如果遇着饥荒的年头，就只好饿死以填沟壑了。

《礼记·檀弓上》说："古也墓而不坟。"根据现代田野考古工作报告，我们知道殷代和西周的墓都还没有坟堆，后来在墓上筑起坟堆，主要是作为墓的标志，其次是为了增加盗墓的困难。

先秦文献有合葬的记载。例如《诗经·王风·大车》说："死则同穴。"《礼记·檀弓上》记载孔子将其父母合葬于防。

现代田野考古发现一座战国墓中有一椁两棺的结构，考古工作者认为，夫妇合葬的普遍流行，是西汉中叶以后的事。《孔雀东南飞》说："两家求合葬，合葬华山傍。东西植松柏，左右植梧桐。"仲长统《昌言》说："古之葬者，松柏梧桐以识坟也。"这风俗也流传很久。

关于丧服，留到下文"宗法"里讨论。

第九章　宗法

显示清代昭穆制度的清东陵帝后陵寝分布示意图

宗法是以家族为中心、根据血统远近区分嫡庶亲疏的一种等级制度。这种制度巩固了统治阶层的世袭统治，在封建社会中长期被保存下来。下面把有关中国古代宗法制度的一些主要的知识分四方面加以叙述。

族、昭、穆

族，表示亲属关系。《尚书·尧典》："克明俊德，以亲九族"，依旧说，九族指的是高祖、曾祖、祖、父、自己、子、孙、曾孙、玄孙（九族还有别的说法，这里不讨论），这是同姓的族。九族之外，有所谓三族。三族有三说：（甲）父、子、孙为三族；（乙）父母、兄弟、妻子为三族；（丙）父族、母族、妻族为三族（按照五服所代表的亲疏关系〔详见后〕来说，九族之内的人都是有服的。无服的叫做党，比如父党、母党、妻党）。

唯六月既生霸，穆穆王在
蒡京，乎渔于大池，王卿（饗）
酉（酒）。遹御亡遣（遣）。穆穆王宴
遹爵，遹拜首（手）颖首，敢對
揚穆王休，用乍（作）文考父
乙尊穆彝，其孙孙子子永寶

1910年陕西出土遹（yù）簋（guǐ）铭文拓片及释文（铭文中有"穆穆王在蒡京"句，学者认为，周代人在生前就已分出了昭穆辈次，穆王的辈分是穆，所以叫穆王，又叫穆穆王）

古代一人"犯罪",常常牵连到亲属也被杀戮。《史记·秦本纪》载,秦文公二十年(前746)"法初有三族之罪",依张晏说,这里的三族指父母、兄弟、妻子(如淳认为指父族、母族、妻族)。《史记·魏其武安侯列传》说"使武安侯在者,族矣",族是族诛的意思。后世所谓诛九族,包括从高祖到玄孙的直系亲属,以及旁系亲属中的兄弟、堂兄弟等,这是专制时代最惨无人道的刑法。

周代贵族把始祖以下的同族男子逐代先后相承地分为"昭""穆"两辈,这是周代宗法和后世不同的一点。试从大王(古公亶〔dǎn〕父)算起,大王的下一代是大伯、虞仲和王季,这是昭辈;王季既属昭辈,则王季的下一代文王、虢(guó)仲和虢叔就是穆辈。以后各代依此类推,文王的下一代是武王,又是昭辈;武王的下一代是成王,又是穆辈。由此可见周代贵族用昭、穆字样来区别父子两代,隔代的字辈相同。这种昭、穆的分别,也体现在宗庙、墓冢(zhǒng)和祭祀上,始祖居中,昭的位次在左,穆的位次在右。了解到这一点,就会知道《左传·僖公五年》所说的"大伯、虞仲,大王之昭也","虢仲、虢叔,王季之穆也",不过是说大伯、虞仲是大王的下一代,虢仲、虢叔是王季的下一代。《左传·定公四年》说:"曹,文之昭也;晋,武之穆也。"曹、晋都是姬姓封国,这是说曹国的祖先是文王的儿子,晋国的祖先是武王的儿子。

大宗、小宗

古代宗法上有大宗、小宗的分别。嫡（dí）长子孙这一系是大宗，其余的子孙是小宗。周天子自称是上帝的长子，其王位由嫡长子世袭，这是天下的大宗；余子分封为诸侯，对天子来说是小宗。诸侯的君位也由嫡长子世袭，在本国是大宗；余子分封为卿大夫，对诸侯来说是小宗。卿大夫在本族是大宗，余子为士，对卿大夫来说是小宗。士和庶人的关系也是这样。

在宗法上，大宗比小宗为尊，嫡长子比其余诸子为尊。嫡长子被认为是继承始祖的，称为宗子。只有宗子才有主祭始祖的特权，才能继承特别多的财产，应该受到小宗的尊敬。《礼记·大传》说："尊祖故敬宗，敬宗，尊祖之义也。"这样，嫡长子的地位就显得特别高贵，对其余诸子来说，在家族上是以兄统弟，在政治上是以君统臣，这就抑止了统治阶层的内讧（hòng），巩固了贵族的世袭统治。所以历代的封建统治阶层，都努力保存宗法制度。

亲属

中国宗法的特点是：（甲）亲属关系拉得远；（乙）亲属名称分得细，特别是先生后生要有不同的名称，如兄弟姊妹等。

父之父为祖，古称王父；父之母为祖母，古称王母。祖之父母为曾祖父、曾祖母；曾祖之父母为高祖父、高祖母。

位于湖南湘潭韶山的毛氏宗祠（祠堂始建于1758年。在宗法制度下，人民是"高度自治"的，常见的民事纠纷，都在家族内部解决，大事一般要开祠堂。祠堂里，族长和长辈甚至有权决定当事人的生死）

子之子为孙，孙之子为曾孙，曾孙之子为玄孙，玄孙之子为来孙，来孙之子为晜（kūn，同"昆"）孙，晜孙之子为仍孙，仍孙之子为云孙。

父之兄为世父（伯父），父之弟为叔父，简称为伯、叔。世父、叔父之妻称为世母（伯母）、叔母（后来称为婶）。伯、叔之子（堂兄弟）称为从父晜弟，又称为从兄弟，这是同祖父的兄弟。父之姊妹为姑。

父之伯、叔称为从祖祖父（伯祖父、叔祖父），其妻称为从祖祖母（伯祖母、叔祖母），其子称为从祖父，俗称堂伯、堂叔，这是同曾祖的伯、叔，其妻称为从祖母（堂伯母、堂叔

显示清代帝后陵寝昭穆之制的定东陵鸟瞰图

母），堂伯、叔之子称为从祖晜弟，又称为再从兄弟（从堂兄弟），这是同曾祖的兄弟。

祖父的伯、叔是族曾祖父，称为族曾王父；其妻是族曾祖母，称为族曾王母。族曾祖父之子是族祖父，称为族祖王父。族祖父之子为族父。族父之子为族兄弟，这是同高祖的兄弟。

兄之妻为嫂，弟之妻为弟妇。兄弟之子为从子，又称为侄；兄弟之女为从女，后来又称侄女。《尔雅·释亲》"女子谓弟之子为侄"，《仪礼·丧服传》"谓吾姑者，吾谓之侄"，可见上古姑、侄对称。兄弟之孙为从孙。

姊妹之子为甥，后来又称外甥。女之夫为女婿或子婿（婿的本义是夫，女婿是女之夫。子在上古兼指儿子和女儿，子婿也是指女之夫），后来省称为婿。

父之姊妹之子女称为中表（表兄、表弟、表姊、表妹），中表是晋代以后才有的称呼。

母之父为外祖父，古称外王父，母之母为外祖母，古称外王母，外祖父之父、母为外曾王父与外曾王母。母之兄弟为舅，母之姊妹为从母，母之从兄弟为从舅。母之兄弟姊妹之子女为从母兄弟与从母姊妹，后来也称为中表。

妻又称为妇。妻之父为外舅（岳父），妻之母为外姑（岳母）。妻之姊妹为姨。

夫又称为婿。夫之父为舅，又称为嫜（zhāng）。夫之母为姑。连称为舅姑或姑嫜。夫之妹为小姑（中古以后的称呼）。夫之弟妇为娣（dì）妇，夫之嫂为姒（sì）妇，简称为娣姒，又叫妯（zhóu）娌（lǐ）。

妇之父母与婿之父母相谓为婚姻，分开来说，则妇之父为婚，婿之父为姻。两婿相谓为娅（yà），后代俗称为连襟（襟兄、襟弟）。

在宗法社会的封建社会里，讲究父慈，子孝，兄友，弟恭，要求妇女讲究妇道。实际上，统治阶层自己并不遵守这些道德，弑父、杀兄等事史不绝书。

嫡、庶之分，在中国宗法社会里也是非常严格的。正妻称为嫡妻，嫡妻之子为嫡子，妾之子称为庶子，这是一种区别。长子为嫡子，非长子为众子，这又是一种区别。当然，所谓长子为嫡子，也必须是正妻之子。嫡、庶之分，关系到承袭制度。

《公羊传·隐公元年》："立嫡以长不以贤,立子以贵不以长。"根据这个原则,正妻所生的长子才合乎承袭的资格,妾、媵所生的子即使年长,如果正妻有子,仍应由正妻的子承袭。这样做法,据说可以不引起争端。但是由于争夺利益,统治阶层杀嫡立庶的事情也是史不绝书的。

丧服

丧服是居丧的衣服制度。由于生者和死者亲属关系有亲疏远近的不同,丧服和居丧的期限也各有不同。丧服分为五个等级,叫做五服。五服的名称是斩衰(cuī)、齐衰、大功、

据宋代《三礼图注》手绘的斩衰衣(周代有一项重要的服饰制度一直被延续了下来,这就是丧服制度)

小功、缌（sī）麻。下面根据《仪礼·丧服》篇所记，分别加以叙述。

斩衰（缞，读cuī）

五服中最重的一种。凡丧服上衣叫衰（披在胸前），下衣叫裳。衰是用最粗的生麻布做的，衣旁和下边不缝边，所以叫做斩衰。斩就是不缝缉的意思。子为父、父为长子都是斩衰（诸侯为天子、臣为君也是斩衰），妻妾为夫、未嫁的女子为父，除服斩衰外还有丧髻，这叫"髽（zhuā）衰"。斩衰都是三年丧（实际上是两周年）。

齐衰

次于斩衰，这是用熟麻布做的。因为缝边整齐，所以叫做齐衰。《仪礼·丧服》篇载齐衰分为四等：（甲）齐衰三年。这是父卒为母、母为长子的丧服；（乙）齐衰一年，用杖（丧礼中所执的），这叫"杖期（jī）"。这是父在为母、夫为妻的丧服；（丙）齐衰一年，不用杖，这叫"不杖期"。这是男子为伯叔父母、为兄弟的丧服，已嫁的女子为父母，媳妇为舅姑（公婆）、孙和孙女为祖父母也是不杖期；（丁）齐衰三月。这是为曾祖父母的丧服。

大功

次于齐衰，这是用熟麻布做的，比齐衰精细些。功，指织布的工作。大功是九个月的丧服，男子为出嫁的姊妹和姑母、为堂兄弟和未嫁的堂姊妹都是大功，女子为丈夫的祖父母伯叔父母、为自己的兄弟也是大功。

小功

又次于大功，小功服比大功服更精细，是五个月的丧服。男子为从祖祖父（伯祖父、叔祖父）、从祖祖母（伯祖母、叔祖母）、从祖父（堂伯、堂叔）、从祖母（堂伯母、堂叔母）、从祖昆弟（再从兄弟）、从父姊妹（堂姊妹）、外祖父母都是小功，女子为丈夫的姑母姊妹，为娣妇姒妇也是小功。

缌麻

五服中最轻的一种，比小功服更精细，丧期是三个月。男子为族曾祖父，族曾祖母，族祖父，族祖母，族父，族母，族兄弟，为外孙（女之子），外甥，婿，妻之父母，舅父等都是缌麻。

以上是礼经上所记的一套丧服制度。这套制度在当时虽然不见得全部实行，后世的丧服、丧期虽然也有所改变，但是从中我们可以看到以下三点：

第一，在丧期中可以看出重男轻女的情况。妻为夫居丧三年，夫为妻服丧只有期年。明代以前，如果父亲还在，儿子为母亲居丧也只是齐衰而不是斩衰。

第二，在丧服中又可以看出嫡、庶的分别甚严。庶子为嫡母服丧三年（明代以后，庶子为自己的母亲也服丧三年），但是嫡子不为庶母服丧，后来改为期年丧。长子长孙在服丧中很重要，在丧制中有所谓"承重孙"，就是由于嫡长子已死，应由嫡长子的儿子承担丧祭（和宗庙）的重任。又有所谓"承重曾孙"。承重孙或承重曾孙在讣（fù）闻（讣告）中，名字是列第一位的。

第三，在丧服中明显地表现了血统亲疏的等级。因此，习惯上以五服以内为亲,五服以外为疏。《尔雅·释亲》:"族父之子相谓为族昆弟,族昆弟之子相谓为亲同姓。"(注:"同姓之亲无服属。"这就是说,族兄或族弟的儿子相互间已经没有丧服的关系,只有同姓的关系了)

古人讲到亲戚关系时,常常用丧服来表示亲疏远近。例如李密《陈情表》:"外无期功强近之亲,内无应门五尺之僮。"又如杜甫《遣兴》:"共指亲戚大,缌麻百夫行。"在这种情况下,期功、缌麻并不指的是丧服,而指的是亲戚了。

第十章　宫室

1959年陕西西安中堡村唐墓出土唐三彩院落模型（为唐代的两进院落，有明显的中轴线，左右房间对称。前院正中有凉亭，后院有八角亭和假山，大体反映了唐代四合院的基本布局）

《尔雅·释宫》："宫谓之室，室谓之宫"，宫和室是同义词。区别开来说，宫是总名，指整所房子，外面有围墙包着，室只是其中的一个居住单位（上古宗庙也称宫室，这里不讨论）。

宫室、台观

上古时代，宫指一般的房屋住宅，无贵贱之分。所以《孟子·滕文公上》说："且许子何不为陶冶，舍皆取诸其宫中而用之？"秦汉以后，只有王者所居才称为宫。

古代宫室一般向南。主要建筑物的内部空间分为堂、室、房。前部分是堂，通常是行吉凶大礼的地方，不住人。堂的后

1953年发现于陕西西安浐（chǎn）河东岸距今六千年的半坡氏族村落遗址

浙江莫角山良渚遗址出土的五千年前的古城墙（北城墙）遗址

面是室，住人。室的东西两侧是东房和西房。整幢房子是建筑在一个高出地面的台基上的，所以堂前有阶。要进入堂屋必须升阶，所以古人常说"升堂"。《论语·先进》："由也升堂矣，未入于室也。"

上古堂前没有门，堂上东西有两根楹（yíng）柱。堂东西两壁的墙叫序，堂内靠近序的地方也就称为东序、西序。堂后有墙和室房隔开，室和房各有户和堂相通。古书上所说的户，通常指室的户。东房后部有阶通往后庭。

室户偏东，户西相应的位置有一个窗口叫牖（yǒu）。《论语·雍也》说："伯牛有疾，子问之，自牖执其手。"室还有一个朝北的窗口叫向，《说文》说："向，北出牖也。"《诗经·豳风·七月》说："塞向墐（jìn）户。"

古人席地而坐，堂上的座位以室的户、牖之间朝南的方向为尊，所以古书上常说"南面"。室内的座位则以朝东的方向为尊。《史记·项羽本记》说："项王、项伯东向坐。"又《魏其武安侯列传》说，田蚡（fén）"尝召客饮，坐其兄盖侯南乡，自坐东乡，以为汉相尊，不可以兄故私桡（读náo，屈，使相位的尊严受屈）"，可见汉代还是这种习俗。

汉代文献上常常提到阁和厢，这是堂的东西两侧和堂毗连平行的房子，和后世阁厢的概念不尽相同。上文说，堂东西有墙叫序。序外东西各有一个小夹室，叫东夹、西夹，这就是

1956年广东广州东郊麻鹰岗出土东汉陶坞堡（俯视）

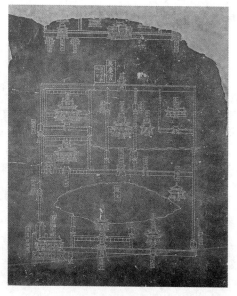

宋代刻唐兴庆宫图

1956年山东高唐出土
东汉绿釉陶楼

东汉绿釉陶水亭
（陕西西安新筑镇出土）

河南焦作出土汉代七层连阁式彩绘陶仓楼

河南焦作出土汉代四层彩绘陶仓楼上的斗拱

阁（汉代阁又指小门）。东夹、西夹前面的空间叫东堂、西堂，这就是厢。阁和厢有户相通，厢前也有阶。乐府诗《鸡鸣》篇："鸣声何啾啾，闻我殿东厢。"东厢就是东堂，殿就是前面所说的堂屋。《说文》说："堂，殿也。"秦汉以前叫堂不叫殿，汉代虽叫殿，但不限于帝王受朝理事的处所，后来殿才专用于宫廷和庙宇里的主要建筑。

以上所说的大致可以代表上古宫室主体建筑的基本法式。当然，从帝王宫殿到小康之家，宫室的丰俭崇卑是各不相同的，历代宫室制度也有变化发展，这里不能一一叙述。

汉代帝王宫殿和将相之家还有廊庑（wǔ）。《史记·魏其武安侯列传》说，孝景帝拜窦（dòu）婴为大将军，赐金千斤，窦婴把所赐金"陈之廊庑下"。颜师古说："廊，堂下周屋也。"《说文》说："庑，堂下周屋。"廊庑似乎没有多少分别（颜师古说："庑，门屋也。"王先谦认为："庑是廊下之屋，而廊但是东西厢之上有周檐、下无墙壁者，盖今所谓游廊，《说文新附》以为东西序，是也。"此说不同）。一般人家大约是没有廊庑的。

台、榭（xiè）、观、阙（què）都是统治者的建筑。台高而平，便于瞭望。榭是台上的木构建筑，特点是只有楹柱没有墙壁。观是宗庙或宫廷大门外两旁的高建筑物，两观之间有一个豁口，所以叫做阙。汉宫中有白虎观，这种观却是独立的建筑物。至于道教的庙宇叫观，更是后起的意义了。

附带说一说，先秦文献很少看见"楼"字。《孟子·告子下》"方寸之木，可使高于岑楼"，赵岐注"岑楼，山之锐岭者"，据此则不是楼房的楼。《说文》"楼，重屋也"，又"层，重屋也"，《考工记》上也讲到"殷人重屋"，重屋指的是复屋（栋上加栋），而复屋是不可以住人的（段玉裁说）。可能战国晚期出现了楼房，汉代显然有楼房了，而且不止两层。

穷人的房子正好是一个鲜明的对比，他们的住房是筚（bì）门圭窦、瓮（wèng）牖绳枢。

建筑材料和建筑技术

我国建筑有悠久的历史，古代劳动人民和匠师们在不断地改进建筑材料和建筑技术。根据田野考古报告，我们知道殷代一般住房是在地面上挖一个地穴，穴周加培低墙，然后立柱盖顶，出入口有斜坡或土阶。这种形式的住房，考古工作者认为就是覆（fù）。《诗经·大雅·绵》说："古公亶（dǎn）父，陶复陶穴，未有家室。"复就是"覆"字的假借。帝王的宫室是建筑在地面上的，现在还看到当时的基础。基是夯（hāng）土而成的台基或地基，础是柱子底部的垫石。后世建筑一直很讲究基础。

殷代遗址至今还没有发现瓦，屋顶大概是茅草盖的。据推测至迟周初已发明瓦，但是大多数的房子仍然是茅草屋，所以古人说"茅茨土阶""茅茨不剪"。《诗经·豳风·七月》说："昼尔于茅，宵尔索绹（táo）。亟其乘屋，其始播百谷。"可见瓦屋是挨不着农民住的。

1976年河南安阳殷墟妇好（hǎo）墓出土的偶方彝（此为酒器，方彝的盖像个大屋顶，盖的下方长边分别有七个小方盖和七个尖行盖，与器口的槽相对应。盖上盖，方彝就像一座殿堂的房顶。盖下七对槽，像是屋檐下的椽子。方彝可能是模仿当时大型宫殿铸造而成的）

　　砖的发明比瓦要晚些。战国遗址发现过空心砖，那是用于墓中的。但是《诗经·陈风·防有鹊巢》已经说"中唐有甓（pì）"，唐指堂涂（途），是堂下通过中庭通往前门去的一条路。甓，旧说是瓴（líng）甋（dì）（一作令适），也就是砖（晋代陶侃有运甓的故事，也是指运砖）。但是用砖砌墙是比较后起的事。

　　古人筑墙很早就运用版筑技术。《孟子·告子下》："傅说（yuè）举于版筑之间。"所谓版筑是说筑土墙用两块木板相夹，两版中间的宽度等于墙的厚度，版外用木柱衬住，装满泥

秦大瓦当

1955年出土于内蒙古包头召湾汉墓的西汉"单于天降"瓦当

十六国前秦"大秦龙兴化牟古圣"瓦当（河北易县出土）

南北朝北魏"传祚无穷"瓦当（山西大同出土）

隋开皇十二年铭文砖（山西侯马出土。砖铭笔画精劲，结构舒展多变，饶有北碑遗意，又存南帖之温醇尔雅，有诸家之长而自立。书风开朗，布局参差有致，虽然只有三十几字，字字入神，可见四祖大师书法功力之深，书法之美）

土，用杵捣紧，筑毕拆除木柱木板，就成了一座墙了。版筑技术在古代建筑中占有很重要的地位，直到现在有的地方还用这种筑墙技术。后来又用土坯砌墙，土坯叫作墼（jí。墼和砖在很多方面相近，所以东汉时也有称砖为墼的，不少汉砖上面有"墼"字）。

斗栱是我国古代高级木结构建筑里的重要构件，同时有装饰的作用。《论语·公冶长》说臧（zāng）文仲"山节藻棁（zhuó）"，旧说棁是梁上短柱，节就是斗栱。我们从战国铜器图案上，可以见到类似斗栱的结构构件。

关于古代宫室，我们就说到这里。

第十一章　车马

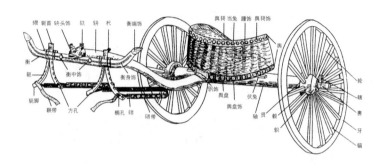

1936年河南安阳小屯车马坑M20出土乙种车（商代）复原图

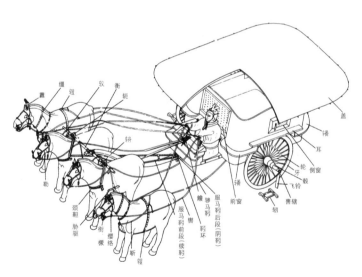

1980年陕西临潼秦始皇陵出土二号铜车马"安车"复原图

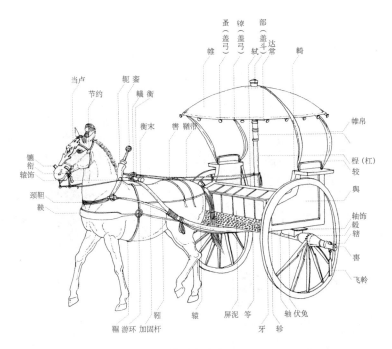

双辕马车示意图

春秋时代的战车（春秋战国时期的战争仍以车阵战为主，各诸侯国拥有的战车数量都很大，中等以上的国家均在上千辆以上）

西周时期的铜车衡饰

西周时期的铜车毂（gǔ）

春秋时期的铜马衔

西周时期的铜车轭（è）

西周时期的铜车轴饰

战国时期的铜车軎（wèi）

汉代的铜车辖

甘肃敦煌莫高窟中的唐代《河西节度使张议潮统军出行图》（摹绘）

1955年山西太原张肃墓出土北齐陶牛车（牛车又称柴车，西汉时牛车的规格还较低，东汉中期以后牛车逐渐代替马车成为官员、贵族乃至皇帝的代步工具）

古书上常见车、马并举。例如《诗经·唐风·山有枢》说："子有车马，弗驰弗驱。"《论语·公冶长》说："愿车马，衣轻裘，与朋友共，敝之而无憾。"战国以前，车、马是相连的。一般地说，没有无马的车（当然，马车之外还有牛车等），也没有无车的马。因此，古人所谓御车也就是御马，所谓乘马也就是乘车。《论语·雍也》："赤之适齐也，乘肥马，衣轻裘。"这是说乘肥马驾的车。古代驾二马为骈（pián），驾三马为骖（cān），驾四马为驷（sì）。《论语·季氏》："齐景公有马千驷。"这不在于说他有四千匹马，而在于说他有一千乘车。

　　古人说"服牛乘马"，可见马车之外还有牛车。马车古名小车，是供贵族出行和作战用的；牛车古名大车，一般只用来载运货物。

　　古代马车的车厢叫舆（yú），这是乘人的部分（所以后世轿子也叫肩舆）。舆的前面和两旁以木板为屏蔽，乘车的人从舆的后面上车（此据古书所记。近来考古发掘，知道上古车舆有的是方形，有的是长方形，有的是六角形，有的周围是高起的栏杆，后面留有缺口，以便乘者升降）。《论语·乡党》说：孔子"升车必正立执绥（suí）"，绥是车上的绳子，供人上车时拉手用的。

　　古人乘车是站在车舆里的，叫做"立乘"（但是"妇人不立乘"，见《礼记·曲礼上》）。舆两旁的木板可以倚靠身体，叫做轺（yǐ）。舆前部的横木可以凭倚扶手，叫做式（轼）。古人在行车途中用扶式俯首的姿势表示敬礼，这种致敬的动作也叫做式(但是"兵车不式",见《礼记·曲礼上》)。所以《檀弓》说:"夫子式而听之。"一般车舆上有活动装置的车盖,主要是用来遮雨的,像一把大伞。

车轮的边框叫辋(wǎng),车轮中心有孔的圆木叫毂(gǔ。孔是穿轴的),辋和毂成为两个同心圆。《老子》说:"三十辐共一毂。"辐是一根一根的木条,一端接辋,一端接毂。四周的辐条都向车毂集中,叫做"辐辏(còu)",后来辐辏引申为从各方聚集的意思。《汉书·叔孙通传》说:"四方辐辏。"

车轴是一根横梁,上面驾着车舆,两端套上车轮。轴的两端露在毂外,上面插着一个三四寸长的销子,叫作辖(又写作鎋),不让车轮外脱。辖是个很重要的零件,所以《淮南子·人间训》上提到"夫车之所以能转千里者,以其要在三寸之辖",后来引申为管辖的意思。露在毂外的车轴末端,古代有特定的名称叫軎(wèi,又写作轊),又叫轨。《诗经·邶(bèi)风·匏有苦叶》说:"济盈不濡(rú)轨。"古人常乘车渡水,这是说济水虽满并没有湿到车轴头,意思是水位不到半轮高。轨的另一个意义,是指一车两轮之间的距离,引申为两轮在泥道上碾出来的痕迹,又叫做辙。《礼记·中庸》所谓"今天下车同轨",并不是有人把天下的车辙大小都规定下来,而是规定了车子的统一尺寸,车轮的轨辙就自然一致了。

附带说一说轫(rèn)。轫不是车子的组成部分,而是阻止车轮转动的一块木头。行车时先要把轫移开,所以启程称为

"发轫"。引申开来，事情的开端也叫"发轫"。

辕是驾车用的车杠（gàng），后端和车轴相连。辕和辀（zhōu）是同义词，区别开来说，夹在牲畜两旁的两根直木叫辕，适用于大车；驾在当中的单根曲木叫辀，适用于小车（此据古书所记。近来考古发掘，知道上古乘人的马车多为独辕直木。又，汉代乘人的车，种类复杂化，车辕成双，驾车的马以一匹为常，这里不细说）。所以《左传·隐公十一年》说："公孙阏（è）与颍考叔争车，颍考叔挟（jiā）辀以走。"

车辕前端驾在牲口脖子上的横木叫作轭（è）。轭和衡是同义词，区别开来说，轭用于大车，衡用于小车。所以《论语·卫灵公》说"在舆则见其倚于衡也"（此据古书所记。根据考古资料整理出的结论与此不同，可参考本书安阳小屯车马坑M20出土乙种车复原图）。

车辕前端插上销子和轭相连，叫做輗（ní）。輗和軏（yuè）是同义词，区别开来说，輗用于大车，軏用于小车，所以《论语·为政》说："大车无輗，小车无軏，其何以行之哉？"

古人乘车尚左（以左方为尊），尊者在左，御者在中，另有一人在右陪乘。陪乘叫做骖（cān）乘，又叫车右。所以《左传·宣公二年》说："其右提弥明知之。"兵车情况不同。主帅居中自掌旗鼓，御者在左，另有一人在右保护主帅，叫做车右。一般兵车则是御者居中，左边甲士一人持弓，右边甲士一人持矛。

驾车的马如果是三匹或四匹，则有骖、服之分。两旁的马叫骖，中间的马叫服。一说服之左曰骖，右曰骓（fēi）。笼统地说，则骖和骓是同义词。所以《楚辞·九章·国殇》说："左骖殪（yì）兮右刃伤。"王勃《滕王阁序》说："俨骖骓于上路。"

古代贵族的车马还有若干装饰附件，不一一叙述。

上文说过，战国以前马是专为拉车用的。《左传·昭公二十五年》："左师展将以公乘马而归。"孔疏："古者服牛乘马，马以驾车，不单骑也。至六国之时始有单骑，苏秦所云'车千乘，骑万匹'是也。"但是孔疏又引刘炫的话，以为左师展"欲共公单骑而归"，这是"骑马之渐"（开端）。我们认为春秋时代可能有骑马的事，但那只是极个别的情况。到了战国时代，赵武灵王胡服骑射，才从匈奴学来了骑马。后来骑马之风才渐渐盛起来的。

第十二章　饮食

1978年湖北随州战国曾侯乙墓出土的金盏、金匕

1978年湖北随州战国曾侯乙墓出土青铜冰鉴，是用以冰（温）酒的器具，被称为"中国最早的冰箱"（它由内外两件器物构成，外部为鉴，里面放一个尊缶，鉴与尊缶之间有空隙，夏天可以在空隙里放冰块，冬天可以放温水，尊缶里盛酒，这样就可以喝到"冬暖夏凉"的酒）

粮食作物

上古的粮食作物有所谓五谷、六谷和百谷。按照一般的说法，五谷是稷（jì）、黍（shǔ）、麦、菽（shū）、麻；六谷是稻、稷、黍、麦、菽、麻。六谷比起五谷来只多了一种稻，这显然是因为水稻本是南方作物，后来才传到北方来的（五谷还有别的说法，例如《孟子·滕文公上》："树艺五谷"，赵岐注："五谷为稻、黍、稷、麦、菽。"六谷也有别的说法，这里不列举）。至于百谷，不是说上古真有那么多的粮食品种，而是多种谷物的意思。

新石器时代河姆渡文化遗址出土的水稻

新石器时代裴李岗文化出土的石磨盘、石磨棒

稷是小米，又叫谷子（有人说稷和黍是一类，黍的籽粒黄色，有黏性；稷的籽粒白色，没有黏性）。稷在古代很长一段时期内是最重要的粮食。古人以稷代表谷神，和社神（土神）合称为社稷，并以社稷作为国家的代称。由此可见稷在上古的重要性。

黍是现代北方所说的黍子，又叫黄米。《诗经》里常见黍、

东汉舂米画像砖（记录东汉时期农民使用"践碓"杠杆原理舂米的情景，完整精细地刻画出脚踏碓的结构和操作情况）

稷连称，可见黍在上古也很重要。上古时代，黍被认为是比较好吃的粮食，所以《论语·微子》说："杀鸡为黍而食之。"

麦有大麦、小麦之分。古代大麦叫麰（móu），又名来牟。

菽就是豆。上古只称菽，汉以后叫豆。

秦代的陶谷仓

麻指大麻子，古代也供食用，后世还有吃麻粥的。《诗经·豳（bīn）风·七月》"九月叔苴（jū）"，苴就是麻子。麻不是主要的粮食作物，古代以丝麻或桑麻并称，那是指大麻的纤维。

内蒙古和林格尔出土东汉墓壁画牛耕图（牛耕据传在商代就已出现，但一直到汉武帝时期才在赵过的推广下得到普及。图中可以看出当时使用的新式耕犁的形制，及耕牛的操作方式）

现在说一说谷、禾、粟、粱。

谷是百谷的总称。禾本来专指稷，后来逐渐变为一般粮食作物的通称。粟本来是禾黍的籽粒，后来也用作粮食的通称。

新疆吐鲁番阿斯塔那出土的唐代的花式面点（面点有的是模具压制而成，有的则是人手捏制而成。能辨别出来的面点，有饺子和焦圈等）

梁是稷的良种。古人常以稻、梁并称，认为这两种谷物好吃；又以膏梁或梁肉并称，认为是精美的膳食。

粮食炒成干粮叫糗（qiǔ），也叫糇（hóu）粮。《诗经·大雅·公刘》："迺（nǎi）裹糇粮。"粮字本身也指的是干粮，行军或旅行时才吃粮。所以《庄子·逍遥游》说："适千里者，三月聚粮。

肉食

古人以牛、羊、豕为三牲。祭祀时三牲齐全叫太牢；只用羊、豕不用牛叫少牢。牛最珍贵，只有统治阶层吃得起，比较普遍的肉食是羊肉，所以美（美味）、羞（馐）等字从羊，羹（gēng）字从羔从美。古人也吃狗肉，并有以屠狗为职业的，

西汉时期的铜烤炉

汉代樊哙（kuài）即"以屠狗为事"。《汉书·樊哙传》颜师古注："时人食狗，亦与羊、豕同，故哙专屠以卖。"可见唐人已经不吃狗了。

上古干肉叫脯（fǔ），叫脩（xiū），肉酱叫醢（hǎi）。本来

1957年重庆化龙桥出土的东汉献食陶俑、庖厨陶俑

醢有多种：醓（tǎn）醢（肉酱）外，还有鱼醢、蜃（shèn）醢（蛤蜊酱）等。但一般所谓醢，则指肉酱而言。上古已有醋，叫做醯（xī）。有了醯，就可制成酸菜、泡菜，叫做菹（zū）。细切的瓜菜做成的叫齑（jī）。腌肉、腌鱼也叫菹（zū），所以有鹿菹、鱼菹等。在这个意义上，菹与醢相近。

除了乾肉（脯）和肉酱（醢）以外，上古还吃羹。据说有两种羹，一种是不调五味不和菜蔬的纯肉汁，这是饮的。《左传·桓公二年》："大羹不致，粢（cí）食不凿，昭其俭也。"所谓"大（太）羹"，就是这种羹。另一种是肉羹，把肉放进烹饪器里，加上五味煮烂。所谓五味，据说是醯、醢、盐、梅和一种菜。这菜可以是葵，可以是葱，可以是韭。另一说牛羹用藿，羊羹用苦（苦菜），豕羹用薇。《尚书·说命》："若作和羹，尔惟盐梅。"可见咸与酸是羹的主要的味道。《孟子》所谓"一箪

甘肃嘉峪关新城魏晋壁画砖墓中的《洗烫家禽图》

（dān）食，一豆羹"，大概就是这种羹。《左传·隐公元年》载郑庄公赐颍考叔食，颍考叔"食舍肉。公问之。对曰：'小人有母，皆尝小人之食矣，未尝君之羹。请以遗之。'"大概也是这一类的肉羹。

1954年河南偃师宋墓出土女子研脍图画像砖

上古家禽有鸡、鹅、鸭。鹅又叫做雁（有野雁，有舒雁，舒雁就是鹅）。鸭字是后起的字，战国时代叫做鹜（wù），所以《楚辞·卜居》说："将与鸡、鹜争食乎？"鸭又叫做舒凫（fú），和野凫（野鸭）区别开来。

上古人们所吃的糖只是麦芽糖之类，叫做饴（yí）。饴加

东汉画像砖中的酿酒场景（四川彭州出土）

上糯米粉（糩），可以熬成饧（xíng）。饴是软的，饧是硬的。饧是古糖字（饧，古音唐）。但当时的糖并不是后代的沙糖，沙糖（甘蔗糖）不是中原所旧有。白沙糖叫做石蜜，也是外国进贡的东西。一般人所吃的饴或饧是麦芽糖，宋初宋祁《寒食》诗"箫声吹暖卖饧天"，卖的就是麦芽糖。

饮品

古人很早就知道酿酒。殷人好酒是有名的，出土的觚（gū）、爵等酒器之多，可以说明当时饮酒之盛。不过古代一般所谓酒，都是以黍为糜（煮烂的黍），加上曲糵（niè。酒母）酿成的，不是烧酒，烧酒是后起的。

茶是我国主要的特产之一。《尔雅·释木》："槚（jiǎ），苦茶（tú）。"茶、荼本是同一个字。但是上古没有关于饮茶的记

1993年河北宣化辽代张匡正墓出土壁画《备茶图》（局部。《宣化辽墓壁画》，文物出版社2001年版）

1993年河北宣化辽代张匡正墓出土壁画《备茶图》（局部。《宣化辽墓壁画》，文物出版社2001年版）

载。王褒《僮约》里说到"烹茶""买茶"，可见茶在汉代某些地区不但是一种饮料，而且是一种商品。《三国志·吴志·韦曜（yào）传》载，孙皓密赐韦曜茶荈（chuǎn）以当酒（韦曜就是韦昭，史为避晋文帝讳改。《尔雅》郭注"今呼早采者为茶，晚取者为茗，一名荈"），《续博物志》说南人好饮茶，大概饮茶的风气是从江南传开的。南北朝时饮茶风气渐盛，唐宋以后，茶更成为一般文人的饮料了。

古代汉族不吃乳类的饮料和食品。《史记·匈奴列传》："得汉食物皆去之，以示不如湩（dòng）酪之便美也。"湩是牛、马乳；酪有干、湿两种，干酪就是今天所谓干酪，湿酪大概就是酸奶。依《史记》看来，饮食乳、酪都不是汉族的习惯。酥油古称为酥，本来也是胡人的食品，所以唐玄宗嘲安禄山说："堪笑胡儿但识酥。"醍（tí）醐（hú）是上等的乳酪，依《涅槃经》说，牛乳成酪，酪成生酥，生酥成熟酥，熟酥成醍醐，醍醐是最上品。凡此都可证明，饮食乳类的习惯是从少数民族传来的。韩愈《初春小雨》诗"天街小雨润如酥"，可见唐时汉人已逐渐习惯于酥酪了。

金朝墓葬壁画中的男侍奉茶图（甘肃清水贾川乡董湾村出土）

第十三章　衣饰

1972年内蒙古鄂尔多斯市阿鲁柴登战国匈奴墓葬出土海东青匈奴王金冠

衣有广、狭二义。广义的衣指一切蔽体的织品,包括头衣、胫(jìng)衣、足衣等。狭义的衣指身上所穿的;当衣和裳并举的时候,就只指上衣而言。下面分别叙述。

头衣

上古的头衣主要有冠、冕(miǎn)、弁(biàn)三种。

冠是贵族男子所戴的"帽子",但是它的样式和用途与后世所谓的帽子不同。《说文》说:"冠,絭(读juàn,束缚)也,所以絭发。"古人蓄长发(《左传·哀公七年》说吴人"断发文身",《左传·哀公十一年》说"吴发短",《史记·越王句践世家》也说越人"文身断发",可见剪短头发在上古被认为是所谓"蛮夷"的风俗。至于剃光头,那是一种相当重的刑罚,叫做髡〔kūn〕),用发笄(读jī,意思就是发簪)绾(wǎn)住发髻后再用冠束住。据说早先的冠只有冠梁,冠梁不很

四川绵阳汉墓出土戴平上帻的厨师(陶俑内穿圆领衫,外着右衽宽袖长袍,腰束带)

戴红色头巾的绿面秦俑

1973年湖南长沙马王堆三号汉墓出土西汉漆缅（xī）纱冠（即我们所说的乌纱帽，可以上溯到西周时期，这顶冠属于"武冠"或"武弁"，戴法是将其嵌于头顶的帻上）

宽，有褶子，两端连在冠圈上，戴起来冠梁像一根弧形的带子，从前到后覆在头发上。由此可以想见，上古的冠并不像后世的帽子那样把头顶全部盖住。冠圈两旁有缨（yīng），这是两根小丝带，可以在颔（hàn）下打结。《史记·滑稽列传》记载："淳于髡（kūn）仰天大笑，冠缨索绝。"缨和緌（ruí）是同义词，区别开来说，緌是结余下垂的部分，有装饰的作用。

古代冠不止一种，质料和颜色也不尽相同。秦汉以后，冠梁逐渐加宽，和冠圈连成覆杯的样子。冠的名目和形制，也愈

唐墓壁画中的士冠

金花珠冠正面（赵评春、赵鲜姬《金代丝织艺术——古代金锦与丝织专题考释》，科学出版社2001年版，图79）

1965年山西大同北魏前期司马金龙墓出土彩漆屏风所绘坐步辇、穿冕服的汉成帝

益复杂化了。

　　冠又是冕和弁的总名。冕，黑色，是一种最尊贵的礼冠。最初天子、诸侯、大夫在祭祀时都戴冕，所以后来有"冠冕堂皇"这个成语。"冠冕"又可以用作仕宦的代称，它又被用来比喻"居于首位"。冕的形制和一般的冠不同，冕上面是一幅长方形的版，叫延（綖），下面戴在头上。延的前沿挂着一串串的小

1948年河北景县封氏墓群出土南北朝笼冠陶俑

1957年陕西西安鲜于庭诲墓出土身着胡服的唐人

1934年新疆罗布泊楼兰遗址出土西汉时期的毡帽、牛皮靴

圆玉,叫做旒(liú)。据说天子十二旒(一说皇帝的冕前后各有十二旒),诸侯以下旒数各有等差。后来只有帝王可以戴冕,所以"冕旒"可以用作帝王的代称。王维《和贾至舍人早朝大明宫之作》:"万国衣冠拜冕旒。"

弁也是一种比较尊贵的冠,有爵弁,有皮弁。爵弁据说就是没有旒的冕。皮弁是用白鹿皮做的,尖顶,类似后世的瓜皮帽。鹿皮各个缝合的地方缀有一行行闪闪发光的小玉石,看上去像星星一样,所以《诗经·卫风·淇奥》说"会弁如星"。

冕、弁加在发髻上时都要横插一根较长的笄(不同于发笄),笄穿过发髻,把冕、弁别在髻上。然后在笄的一端系上一根小丝带,从颔下绕过,再系到笄的另一端,这根带子不叫缨而叫纮(hóng)。此外,笄的两端各用一条名叫紞(dǎn)的丝绳垂下一颗玉来,名叫瑱(zhèn)。因为两瑱正当左右两耳,所以一名充耳,又叫塞耳。《诗经·卫风·淇奥》说"充耳琇莹",就是指瑱说的。

附带说一说,古时贵族才能戴冠乘车,车有车盖,所以古人以"冠盖"为贵人的代称。"冠盖"又指仕宦的冠服和车盖，所以也用作仕宦的代称。

庶人的头衣和统治阶层不同。他们不但没有财力制置冠、弁，而且统治阶层还不让他们有戴冠、弁的权利。《释名·释首饰》："士冠，庶人巾。"可见庶人只能戴巾。《玉篇》："巾，佩巾也。本以拭物，后人著之于头。"可见庶人的巾，大约就是劳动时擦汗的布，一物两用，也可以当作帽子裹在头上。直到汉代，头巾仍用于庶人和隐士。

彩绘女侍俑头部特写（湖南长沙马王堆一号汉墓出土）

1977年陕西汉中崔家营出土南北朝西魏彩绘文官陶俑，头上饰顶花，头顶后有一束向后平伸的长发髻

帻（zé），就是包发的巾。蔡邕《独断》："帻者，古之卑贱执事不冠者之所服也。"庶人的帻是黑色或青色的，庶人既不许戴冠，只许戴巾帻，在头衣的制度上就有深刻的阶级内容。所以秦称人民为黔首（黔，黑色），汉称仆隶为苍头（苍，青色），都是从头衣上区别的（依陶宗仪《辍耕录》说）。

帻有压发定冠的作用，所以后来贵族也戴帻，那是帻上再

1986年内蒙古通辽市奈曼旗青龙山镇辽陈国公主墓出土鎏金银冠

明代的四方平定巾

加冠。这种帻,前面高些,后面低些,中间露出头发。现在戏台上王侯将相冠下也都有帻,免冠后就露出帻来了。此外还有一种比较正式的帻,即帻之有屋(帽顶)者。戴这种帻,可以不再戴冠。帻本覆额,戴帻而露出前额,古人叫做岸帻(岸是显露的意思),这表示洒脱不拘礼节。《晋书·谢奕传》:"岸帻笑咏,无异常日。"

帽,据说是没有冠、冕以前的头衣,《荀子·哀公》篇:"哀公问舜冠于孔子","孔子对曰:'古之王者有务而拘领者矣'",杨倞(jìng)注:"务读为冒",意思是说务就是帽。《说文》说,冃(mào)是小儿及蛮夷的头衣,冃是

1969年山东济南无影山出土西汉乐舞杂伎陶俑群(右侧的三个讴员头戴"爵弁",左侧的四个讴员戴无帻冠〔即不戴头巾的冠〕。这种冠或认为是汉代所谓的"术士冠",或认为是"进贤冠")

古帽字。但是上古文献中很少谈及帽，魏晋以前汉人所戴的帽只是一种便帽，《世说新语·任诞》说，谢尚"脱帻著帽"，"酣饮于桓子野家"，可见当时的帽还是一种便帽。后来帽成为正式的头衣，杜甫《饮中八仙歌》说，张旭"脱帽露顶王公前"，脱帽没有礼貌，可见戴帽就有礼貌了。

戴风帽的唐代女陶俑

服饰

上文说过，古代衣、裳并举时，衣只指上衣，下衣叫作裳。《诗经·邶风·绿衣》说："绿衣黄裳。"《诗经·齐风·东方未明》说："颠倒衣裳。"但是裳并不是裤而是裙（古代男女都着裙，见下文）。《说文》

河北平山县出土战国银首铜人灯中人物服装式样

完好出土的匈奴衣裤和皮靴，这就是启发中原"胡服骑射"变革的样板

说："常（裳），下帬（裙）也。"衣、裳连在一起的叫作深衣。

古人衣襟向右掩（右衽），用绦系结，然后在腰间束带。《论语·宪问》"微管仲，吾其被发左衽矣"，可见左衽不是中原的习俗（上古敛死者才左衽）。带有两种：一种是丝织的大带，一种是皮做的革带。大带是用来束衣的，叫做绅（shēn），绅又特指束余下垂的部分。古人常说"搢（jìn）绅"，意思是把上朝时所执的手版（笏〔hù〕）插在带间（笏是古代君臣朝见时所执的狭长的板子，用玉、象牙或竹子制的，用来指画或在上面记事。

河南信阳长关台战国楚墓出土大带玉佩大袖衣彩绘木俑

搢绅又作缙绅、荐绅。《史记·五帝本纪》"荐绅先生难言之"）。这样，"搢绅"就成了仕宦的代称，而"绅士"的意义也由此发展而来。革带叫做鞶（pán），这是用来悬佩玉饰等物的。

古人非常珍视玉，玉器不但用于祭祀、外交和社交等方面，而且用于服饰。《礼记·玉藻》

西汉晚期墓室壁画《鸿门宴》（局部），右侧右袒襜禅（dān）衣（即襜褕〔chān yú〕）、头上有冠、腰带悬宝剑者为张良。中间黄褐衣、无冠、有髭、年较老、面向右、睁目怒视者为项羽的谋士范增。范增左边的一个人，相貌最狞猛，执剑欲刺者，为项庄，是范增让他在席前以舞剑为名，准备刺杀刘邦

东汉彩箧漆画《商山四皓图》（局部），图中人物的服饰款式都是深衣制的禅衣，只是用颜色区别个人身份

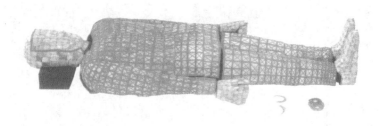

1983年广东广州南越王墓出土丝缕玉衣。出土时，玉衣"右手"中握有两只龙形玉觿（xī 即所谓的玉冲牙）

说："古之君子必佩玉。"又说："君子无故，玉不去身。"可见佩玉是贵族很看重的衣饰。据说礼服有两套相同的佩玉，腰的左右各佩一套，每套佩玉都用丝绳系联着。上端是一枚弧形的玉叫珩（héng。衡），珩的两端各悬着一枚半圆形的玉叫璜，中间缀有两片玉，叫做琚和瑀（yǔ），两璜之间悬着一枚玉叫做冲牙。走起路来冲牙和两璜相触，发出铿锵悦耳的声音（按：关于组玉佩撞击发声的说法源自《诗经·郑风·有女同车》和《诗经·秦风·终南》。这本是讽刺礼崩乐坏时代里人对美玉的滥用与毫不珍惜。汉代人编写礼书时粗率地将

西汉"信期绣"茶黄罗绮（qǐ）锦袍（湖南长沙马王堆一号墓出土）

湖南长沙马王堆汉墓出土裾（jū）衣

湖南长沙马王堆汉墓出土素纱禅衣

金紫地金锦襕（lán）袍内襟与紫绢里（赵评春、赵鲜姬《金代丝织艺术——古代金锦与丝织专题考释》，科学出版社2001年版，图5）

金绿地忍冬云彩纹平夔龙金锦棉袍（赵评春、赵鲜姬《金代丝织艺术——古代金锦与丝织专题考释》，科学出版社2001年版，图42）

金紫地云和金锦锦袍（赵评春、赵鲜姬《金代丝织艺术——古代金锦与丝织专题考释》，科学出版社2001年版，图10）

1960年河南密县打虎亭汉墓出土壁画《相扑图》（局部。双方均穿犊鼻
〔kūn〕裈，现代日本相扑选手比赛时的"兜裆布"就来源于此）

1959年新疆民丰县尼雅古墓出土东汉时代的绣花男棉布裈

青海阿拉尔出土胡锦袍（赵评春、赵鲜姬《金代丝织艺术——古代金锦与丝织专题考释》，科学出版社2001年版，图45）

讽刺当成赞美，造成了巨大的错误。对于这种陈陈相因的错误我们这里仅指出，原文不做改动）。《诗经·郑风·女曰鸡鸣》说："杂佩以赠之。"据旧注，"杂佩"就是这套佩玉。此外，古书上还常常谈到佩环、佩玦（jué，指有缺口的佩环）。妇女也有环佩。

裘和袍是御寒的衣服。《诗经·桧风·羔裘》说："羔裘如膏，日出有曜。"《诗经·小雅·都人士》说："彼都人士，狐裘黄黄。"可见古人穿裘，毛是向外的，否则不容易看见裘毛的色泽。在行礼或接见宾客时，裘上加一件罩衣，叫作裼（xī）衣，否则被认为不敬。裼衣和裘，颜色要相配，所以《论语·乡党》说："缁衣，羔裘；素衣，麑（ní）裘；黄衣，狐裘。"平常家居，裘上不加裼衣。庶人穿犬、羊之裘，也不加裼衣。

袍是长袄，据说里面铺的是乱麻（缊，读yùn。现在单袍也叫袍，上古没有这种说法。一说袍里面铺的是新绵和旧絮）。一般说来，穷到穿不起裘的人才穿袍。《论语·子罕》："衣敝缊袍，与衣狐貉者立，而不耻者，其由也与？"可见穿袍穿裘有贫富的差别。汉以后有绛纱袍、皂纱袍，袍成了朝服了。

衮（gǔn），这是天子和最高级的官吏的礼服。据说衮上绣有蜷曲形的龙。后代所谓"龙袍"，就是衮的遗制。

上古时代还不懂得种棉花，所谓"絮"，所谓"绵"，都只是丝绵（依《广韵》，精的叫绵，粗的叫絮。其实上古一般都叫絮）。因此，上古所谓布并不是棉织品，而是麻织品或葛织品。帛则是丝织品的总称。布与帛也形成了低级衣服与高级衣服的

湖南长沙马王堆汉墓出土的襜褕

对比，贫贱的人穿不起丝织品，只能穿麻织品，所以"布衣"成了庶人的代称。最粗劣的一种衣服称为"褐（hè）"，这是用

湖南长沙马王堆三号汉墓出土西汉彩绘木侍女俑

粗植物纤维编织的，所以贫苦的人被称为"褐夫"。《孟子·滕文公上》说，许行之徒"皆衣褐，捆屦织席以为食"，这是说过着劳动人民的生活。扬雄《解嘲》说"或释褐而傅"，这是说脱掉粗劣的衣服做大官去了。后世科举新进士及第授官，也沿称"释褐"。

上古时代，男女服装的

差别似乎不很大。直到中古，男女服装也还不是严格分开的。试举"襦""裙"为例（襦，读rú，短袄，依段玉裁说）。乐府诗《陌上桑》："缃绮（qǐ）为下裙，紫绮为上襦。"这里"襦"和"裙"是妇女的服装。但是《庄子·外物》"未解裙襦"，并非专指妇女。《南史·儒林列传·张讥传》载梁武帝以裙襦赐给张讥，可见男人也是穿着裙襦的。只有袿（guī）被解释为妇女的上衣（见《释名·释衣服》。今天的褂字大约是袿字的音变），这大概是可信的。宋玉《神女赋》"被袿裳"，曹植《洛神赋》"扬轻袿之绮靡"，可以为证。唐宋以后，妇女着裙之风大盛，男以袍为常服，女以裙为常服。

上古有裳无裤。上古文献中有个绔（kù）字，又写作袴（kù），按字音说，也就是后代的裤字。但是上古所说的裤（绔），并不等于今天所谓裤。《说文》："绔，胫衣也。"可见当时所说的袴，很像今天的套裤（依段玉裁说。王国维《观堂集林》卷二十二《胡服考》认为"袴与今时裤制无异"），所不同

金棕褐菱纹暗花罗萱草团花绣绵大口裤（赵评春、赵鲜姬《金代丝织艺术——古代金锦与丝织专题考释》，科学出版社2001年版，图57）

者,它不是套在裤子外面的。袴的作用是御寒。《太平御览》引《列士传》"冯援(冯谖〔xuān〕)经冬无袴,面有饥色",又引《高士传》"孙略冬日见贫士,脱袴遗之",都可为证。

有裆的裤子叫裈(kūn),又写作㡓。《释名·释衣服》说:"裈,贯也,贯两脚,上系腰中也。"此外有一种裈,类似后世的短裤叉,形似犊鼻,叫犊鼻裈(钱大昕《十驾斋养新录》卷四"犊鼻裈"条说,㡓无裆者谓之裗(tū),裗犊声相近,重言为犊鼻,单言为突,后人加衣旁作裗。这是另一种解释),穿起来便于劳动操作。《史记·司马相如列传》说,司马相如在临邛(qióng)"身自著犊鼻裈",和奴婢们一起洗涤食具。

古人用一块布斜裹在小腿上,叫邪幅或幅(偪)。《左传·桓公二年》:"带裳幅舄(xì)。"《诗经·小雅·采菽》:"邪幅在下。"郑玄注:"邪幅,如今行縢(téng)也;偪束其胫,自足至膝,故曰'在下'。"上古的邪幅如同汉代的行縢,相当于后世的裹腿。

鞋袜

上古的鞋叫屦(jù),有麻屦、葛屦等。据说葛屦是夏天穿的,冬天穿皮屦。一般的屦是用麻绳编成的,编时要边编边砸,使之结实,所以《孟子·滕文公上》说"捆屦织席"。

舄是屦的别名,区别开来说,单底叫屦,复底叫舄。《方言》说,屦中有木者叫复舄,可以走到泥地里去,不怕泥湿。

1972年湖南长沙马王堆汉墓出土绢丝袜　1972年湖南长沙马王堆汉墓出土青丝履

履（lǚ）字本是动词，是践的意思。《诗经·魏风·葛屦》说："纠纠葛屦，可以履霜。"战国以后，履字渐渐用为名词。《荀子·正名》："麤（cū。麤同"粗"）布之衣，麤紃（xún，鞋带）之履，而可以养体。"《史记·留侯世家》："孺子，下取履。"

古人的草鞋叫蹻（蹻、屩，读xǐ。《说文》说，蹻是舞履，字亦作蹻、屩），又叫屩（蹻，读jué）。《孟子·尽心上》："舜视弃天下犹弃敝蹻也"，敝蹻就是破草鞋。《史记·平原君虞卿列传》说虞卿"蹑蹻檐簦（dēng）说（shuì）赵孝成王"

1934年新疆罗布泊楼兰遗址出土的东汉锦鞋　　1972年新疆吐鲁番出土的唐代麻鞋

1973年新疆吐鲁番阿斯塔那224号墓出土唐代变体宝相花纹如意云头锦履

1986年内蒙古通辽市奈曼旗青龙山镇辽陈国公主墓出土錾花银靴

江西明代墓葬出土高底翘尖弓鞋（江西省博物馆藏）

（檐，当作担），就是穿着草鞋，掮（qián）着长柄笠（相当于后世的雨伞），去游说赵孝成王。

屐（jī）是木头鞋。屐和舄不同，舄的底下只衬一块薄板，甚至只是复底，而屐底下是厚板，而且前后有齿。《宋书·谢灵运传》记载，谢灵运常著木屐，上山则去前齿，下山则去后齿，可见屐是有齿的。战国时代就开始有屐，《庄子·天下》篇提到墨子之徒"以跂（jī）蹻为服"，跂就是屐字。但不知当时的屐有没有齿。

古书上用皮屦、革舄、革履、韦履等词来指用皮做的鞋子。皮鞋比较贵重，一般人穿不起。《说文》："鞮（dī），革履也，胡人履连胫谓之络鞮。"络鞮就是后代所谓靴，可见靴是由少数民族传入的。

鞋字古作鞵（xié）。《说文》："鞵，生革鞮也。"可见鞋是鞮的一种。后来鞋字变成了鞋类的总称，所以有麻鞋、草鞋、芒鞋、丝鞋等。

最后说一说韈（wà，袜）。

1959年新疆民丰县尼雅古墓出土东汉"延年益寿大宜子孙"锦袜

《说文》说韈是足衣。大约是用皮做的，所以写作韈。古人以跣足为至敬，登席必须脱韈。《左传·哀公二十五年》："褚师声子韈而登席。"这是对人君无礼。韈字后来又写作袜，这暗示韈的质料改变了。

第十四章　什物

晚唐《宫乐图》（唐代以前，没有现代意义上的桌子，画面中的桌子已与今天的桌子接近。宫女的发式、服装和开脸留三白［额头、鼻子、下颌留白不施胭脂］为典型的晚唐时尚。当时的桌子主要还是放东西的。桌子和凳子相配、人坐在桌子旁写字，至北宋才盛行起来）

什物很多，不可能一一加以叙述。现在只选主要的而且古今差别较大的谈一谈。

席、床、几、案

古人席地而坐，所以登堂必先脱屦。席长短不一，长的可坐数人，短的仅坐一人。席和筵是同义词，区别开来说，筵比席长些，是铺在地上垫席的；席是加在筵上供人坐用的。后来筵字用来表示宴饮的陈设。陈子昂《春夜别友人》："金樽对绮（qǐ）筵。"近代"筵席"成为一个词，用作酒馔（zhuàn）的代称。

1957年河南信阳长关台战国楚墓出土的彩绘漆木床（床面是活动的屉板）

古代床有两用，既可以用作卧具，又可以用作坐具。《诗经·小雅·斯干》："载寝之床"，那是用作卧具；《孟子·万章

1953年湖南长沙仰天湖25号墓出土的战国木雕龙纹苓床（湖南省博物馆藏）

上》："舜在床琴"（琴，用如动词，意思是"弹琴"），那是用作坐具。

古人坐时两膝跪在席或床上，臀部坐在脚后跟上（古人坐着要起身时，先把腰挺直，这叫长跪。长跪可以表示敬意，《战国策·魏策四》说秦王"长跪而谢"。又，箕〔jī〕踞〔jù〕在古代被认为是一种不恭敬的坐式，所谓箕踞，是说坐时臀部着地，两足向前伸展，膝微曲，其状如箕。《战国策·燕策三》说荆轲刺秦王不中，"自知事不就，倚柱而笑，箕踞以骂"，正表现了蔑视敌人的气概），坐时可以凭几。几是长方形的，不高，类似今天北方的炕几。《孟子·公孙丑上》说孟子"隐几而卧"。《庄子·齐物论》说"南郭子綦隐机而坐"，机就是几（綦，读qí；隐，读yìn，动词，意思是凭靠）。几通常是老年人凭倚的，所以古代常以几、杖并举，作为养尊敬老的用具。

古代进送食物用的托盘叫作案，有长方形的，也有圆形的，前者四足，后者三足，可以放在地上，这是食案。食案形

1978年湖北随州战国曾侯乙墓出土的
彩漆云纹木几

战国彩绘漆几（中国国家博物馆藏）

江苏徐州出土的西王母汉画像石（西王
母头上戴胜，凭几而坐）

1975年湖南湘乡牛形山战国楚墓出土的彩绘龙凤纹漆几面（湖南省博物馆藏）

1978年湖北随州战国曾侯乙墓出土的浮雕兽面纹漆木案

1977年河北平山县三汲村战国中山王𰯼墓出土的错金银龙凤铜方案

1972年湖南长沙马王堆一号汉墓出土的西汉漆案（漆案平底，四角有矮足，出土时案上放着五个盛有食物的小漆盘、两个酒卮、一个羽觞和一双筷子。汉代实行分餐制，从漆盘的摆设上看得很清楚）

1978年湖北随州战国曾侯乙墓出土的素漆木酒具箱

2002年湖北枣阳九连墩一号战国楚墓出土的铜案（湖北省博物馆藏）

体不大，足很矮，所以《后汉书·梁鸿传》说梁鸿妻"举案齐眉"。此外还有书案，长方形，两端有宽足向内曲成弧形，不很高。后世因为坐的方式改成今天的样子，所以才有较高的案几和桌椅。

日用工具

先秦已有烛字，但是上古的烛并不是后世所指的蜡烛。《说文》说："烛，庭燎大烛也。"烛和庭燎是一样的东西，都是火炬。细分起来，拿在手上叫烛，大烛立在地上叫庭燎。据说大烛是用苇薪做的，小烛是用麻蒸做的（依朱骏声说，麻蒸是去掉皮的麻秸〔jiē〕）。

战国时代就有照明用的镫（灯）了，当时的灯和后世的灯

1957年山东诸城出土的战国齐人形青铜灯

1953年河南洛阳烧沟出土的东汉十二支铁灯

1958年江苏南京清凉山出土的三国吴青瓷熊形灯

不同。因为形状类似盛食物的登（瓦豆），所以就叫做镫（后来灯的形制多样化了）。古代点灯用膏，膏是兽类的脂肪，《楚辞·招魂》说："兰膏明烛，华灯错

些。"（兰膏，加兰香炼的膏，燃起来有香味。烛，动词，照耀。错，错镂。些，语气词）点灯用植物油，是后起的事。

耒（lěi）耜（sì）是上古耕田的工具。《说文》说："耒，手耕曲木也。"起初是用自然的曲木，后来知道"揉木为耒"。耒和耜本来是两种农具，耒上端勾曲，下端分叉；耜的下端则是一块圆头的平板，后来嵌入青铜或铁片，就成了犁的前身。古人常以耒、耜并举，例如《孟子·滕文公上》说："陈良之徒陈相，与其弟辛，负耒耜而自宋之滕。"古代注

1981年重庆忠县涂井出土的三国吴持簸箕陶俑

1975年河南偃师二里头出土的夏代晚期的乳钉纹爵。此为饮酒器,左上部长管状结构叫"流",用于倾注酒。右上部尖角叫"饮",为饮酒的部位。饮酒用的爵、角、觚(gū),到西周中期就基本绝迹

1990年河南安阳郭家庄西160号墓出土的商代晚期的亚址角,为饮酒器,其形似爵而无柱和流,角两端长锐状部分叫做"翼"

商代晚期的鸮纹觯(zhì)。觯为盛酒器,流行于商代和西周早期

1963年陕西宝鸡贾村镇出土的西周早期的何尊。尊为盛酒器,流行于商代和周代

家往往认为耒耜是一种农具的两个不同部位的名称，认为耒是耜上端的曲木，耜是耒下端的圆木或金属刃片，可见耒耜混淆由来已久了。后来耒耜用作一般农具的代称。

铚（zhì）是一种短小的镰刀，钱和镈（bó）是耘草挖土的铲形农具。在上古时代，钱镈大约曾经是交易的媒介，所以春秋晚期和战国的货币模仿钱镈的形状，称为钱或布（布和镈古音相同）。

饮食器具

上古的烹饪器有鼎、鬲（lì）、甗（yǎn）等。有陶制的，也有青铜制的。

鼎是用来煮肉盛肉的，一般是圆腹三足（所以古人用"鼎足""鼎立"等词语来譬喻三方并峙的情况。《史记·淮阴侯列传》"三分天下，鼎足而居"），也有长方形四足的，那是方鼎。鼎口左右有耳，可以穿铉（xuàn），铉是抬鼎用的杠子（铉是木制的杠子，以金为饰。参看《说文》键字段玉裁注）。鼎足的下面可以烧火，有几种肉食就分几个鼎来煮，煮熟后就在鼎内取食，所以说"列鼎而食"。钟鸣鼎食是贵族奢侈生活的一个方面，王勃《滕王阁序》说："闾阎扑地，钟鸣鼎食之家。"

古人用匕从鼎内把肉取出来后，放在俎上用刀割着吃，所以古书上常以刀、匕并举，刀、俎并举。匕是长柄汤匙。俎是一块长方形的小板，两端有足支撑着，一般是木制的，铜俎很少。

1960年陕西扶风齐家村西周窖藏
出土的几父壶。此为贮存酒的容
器，流行于西周，盛行于春秋战国

1935年河南安阳武官北地1023号墓出
土的商代晚期的右方彝

1933年河南安阳大司空墓出土的商代
晚期的象首兽面纹觥（gōng）。是一
种盛酒兼饮酒器，流行于商代和西周
初年

1973年辽宁喀左北洞村窖藏
出土的西周早期的蜗身兽纹罍
（léi）。为贮酒器，初见于商代
晚期，盛行到春秋中期止

1981年陕西宝鸡竹园沟7号墓出土的西周早期的伯各卣（yǒu）。为西周配套礼器中的酒器

1988年河南平顶山出土的西周中期鸭形盉（hé）。此为调节酒的浓度的调酒器，出现于商代早期，盛行到西周

1984年河南安阳孝民屯南1713号墓出土的商代晚期的亚鱼鼎。为炊煮肉类的食器

1975年北京琉璃河251号墓出土的西周早期的伯矩鬲（lì）。为烹煮食物的炊器。此器春秋中期衰落，战国时期已很少，秦汉时期完全绝迹

上古煮饭用鬲（lì），蒸饭用甗（yǎn）。鬲似鼎，有三只空心的短足，下面举火炊煮。甗分为上下两层，下层似鬲，里面盛水，烧火煮水使蒸气上升到上层；上层似甑（zèng。底部有孔的蒸器），里面放米、谷之类。上下两层之间有个带着许多孔的横隔（箅〔bì〕子），既便于透过蒸气，又免得米、谷漏到下层。

古书上常见釜（fǔ）、甑并举。《孟子·滕文公上》："许子以釜、甑爨（cuàn，炊煮食物），以铁耕乎？"《史记·项羽本纪》："项羽乃悉引兵渡河，皆沉船，破釜、甑。"釜、甑是配合起来用的。釜似锅，它的用途相当于甗的下层；甑似盆，底部有细孔，放在釜上，相当于甗的上层。釜、甑之间也有箅子。

古人盛饭盛菜不用盌（wǎn，盌同"碗"）。《说文》虽有盌字，那是"小盂"（水器）。传世古器自铭为盌的，实际上是一个小盂旁边加上一个柄，那是用来舀水的（但是这并不等于说上古没有和现代碗形大致类似的器物，不过它们的名称用途和现代所谓的碗不同）。上古盛饭用簋（guǐ），一般圆腹圈足（足在腹底，成圈状），两旁有耳，是青铜或陶制的，也有木制或竹制的。又有一种簠（fǔ），长方形，用途和簋相同。上古的盛食器还有豆，像今天的高脚盘，有的有盖。豆本来是盛黍、稷的，后来逐渐变为盛肉酱、盛肉羹了。古代木豆叫做豆，竹豆叫做笾（biān），瓦豆叫做登或镫（dēng）。《诗经·大雅·生民》："于豆于登。"铜豆还有别的名称，这里没有必要细说。

1976年河南安阳妇好墓出土的妇好分体甗（yǎn）。此器为蒸食器，上半部为甑（zèng，蒸锅），甑下有带孔的箅子，用于通水蒸气，下半部为鬲（用作水锅）

1977年陕西扶风云塘村西周窖藏出土的西周晚期的伯公父簠（fǔ）。器为祭祀和宴飨时盛放黍、稷、稻、粱（米饭之类）的器物，自春秋以后不再使用

清道光末年陕西岐山礼村出土的天王簋。为盛放黍、稷的礼器

西周中期的燹（xiǎn）公盨（北京保利艺术馆藏。此器为盛食黍、稷［米饭之类］的器物，自春秋以后不再使用）

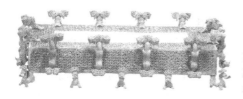

1978年河南淅川下寺春秋楚
墓出土的春秋晚期的透空云
纹铜禁

1923年河南新郑李家楼郑公
大墓出土的春秋中期莲鹤方壶

1955年安徽寿县蔡侯墓出土的
春秋蔡"蔡侯申"青铜方壶

1978年河南淅川下寺二号春秋楚墓
出土的"王子午"青铜鼎（附匕）

筷子古代叫箸（zhù）。但是先秦时代，吃饭一般不用筷子。《礼记·曲礼上》："毋抟（tuán）饭。"意思是不要用手把饭弄成一团来吃，可见当时是用手送饭入口的。但是在一定情况下则用筷子。《礼记·曲礼上》："羹之有菜者用梜（jiā）"，孔疏："以其菜交横，非梜不可。"梜就是一种筷子。大约到汉代，才普遍用筷子。《汉书·张良传》说："请借前箸以筹之。"

上古的盛酒器有尊、觥（gōng）、罍（léi）、壶等。《诗经·周南·卷耳》："我姑酌（zhuó）彼金罍"，"我姑酌彼兕（sì）觥"，那是盛酒器。觥，同时又是饮酒器，所以《诗经·豳风·七月》说："称彼兕觥，万寿无疆。"罍壶除了盛酒外，还用来盛水。古人用斗勺来挹酒、挹水。挹叫做挹（yì），挹后倒到饮器中叫作注。所以《诗经·小雅·大东》说："不可以挹酒浆。"《诗经·大雅·泂（jiǒng）酌》说："挹彼注兹。"

爵是古代饮酒器的通称。但是作为专名，爵是用来温酒的，它有三只脚，下面可以举火。上古常用的饮酒器是觚（gū）和觯（zhì），觯比较轻小，所以古人说"扬觯"。战国以后，出现了一种椭圆形的杯（桮，读bēi），两侧有弧形的耳，后人称为耳杯，又叫羽觞（shāng。《汉书·外戚传》颜师古注引孟康曰："羽觞，爵也，作生爵形，有头尾羽翼。"此外还有别的说法，这里不列举）。杯可以用来饮酒，也可以盛羹。《史记·项羽本纪》说："必欲烹而翁，幸分我一杯羹。"杯的质料有玉、银、铜、漆等，汉代很流行。

1978年湖北随州战国曾侯乙墓出土的盘、匜(yí)。盘为承水器，匜是注水器，二者配套使用，用匜浇水洗手，洗过手的水用盘承接

1978年湖北随州战国曾侯乙墓出土的铜鉴缶

1978年湖北随州战国曾侯乙墓出土的铜尊盘

1978年湖北随州战国曾侯乙墓出土的铜炭盆

1981年北京通州出土的战国变形蟠龙纹敦。为盛放黍、稷、稻、粱等饭食的器皿

湖南长沙马王堆三号汉墓出土的云纹漆圆壶

1978年湖北随州战国曾侯乙墓出土的彩漆豆（豆是一种古代食器的称呼，祭祀时盛放黍、稷等谷物，后来变成盛放腌菜、肉酱等调味品的器皿）

1981年北京通州中赵甫村砖瓦厂出土的战国中晚期蟠螭纹高柄豆（此器为盛放肉酱一类的器皿。作为礼器的豆，通常是成对出现的）

1972年湖南长沙马王堆一号汉墓出土的西汉四猫漆盘（此为装食物的盘子，盘内有"君幸食"三字，盘底有"九升"和"軑（dài）侯家"五字。盘中画有四只猫，一只居中，三只在底部靠近内壁转折处）

1956年陕西西安八府庄东北出土的唐代葵口三足狮子纹鎏金银盘

　　古书上常见槃（盘）、匜（yí）并举，二者是配合起来用的盥（guàn）洗器。匜像一只瓢，有把，有足，有盖。《左传·僖公二十三年》记载怀嬴为晋公子重耳"奉匜沃盥"，可见匜是用来浇水洗手的。古代祭祀燕飨（xiǎng）有沃盥的礼节，用匜浇水洗手时，下面用槃接住水，所以《说文》说槃是"承槃"。上古槃又用于饮食，《左传·僖公二十三年》提到"乃馈盘

新石器时期的彩绘双腹罐（辽宁北票文物管理所藏）

飧（sūn）"，《史记·滑稽列传》提到"杯盘狼藉"（依桂馥说），但还不是现代所谓的盘子。现代的盘子，是瓷器发达以后才出现的。

以上所说的饮食用具，大多数是贵族所享用的，平民则用陶制的鬲、盆、盂、罐等器而已。

附录: 插图目录

第八章　礼俗

第十三章　衣饰

中华书局

初版责编　陈　虎